历史的丰碑丛书

思想家卷

近代唯物主义的鼻祖

培　根

刘子贵　编著

吉林人民出版社

图书在版编目(CIP)数据

近代唯物主义的鼻祖——培根 / 刘子贵编著 . -- 长春：吉林人民出版社，2011.4（2025.4 重印）

（历史的丰碑丛书）

ISBN 978-7-206-07612-1

Ⅰ.①近… Ⅱ.①刘… Ⅲ.①培根，F.（1561～1626）—生平事迹—青年读物②培根，F.（1561～1626）—生平事迹—少年读物 Ⅳ.① B561.21-49

中国版本图书馆 CIP 数据核字 (2011) 第 037564 号

近代唯物主义的鼻祖 培根

JINDAI WEIWU ZHUYI DE BIZU　PEIGEN

编　　著:刘子贵

责任编辑:崔　晓　　　　封面设计:孙浩瀚

制　　作:吉林人民出版社图文设计印务中心

吉林人民出版社出版 发行(长春市人民大街7548号　邮政编码:130022)

印　刷:北京一鑫印务有限责任公司

开　本:787mm×1092mm　　1/16

印　张:8　　　　字　数:72千字

标准书号:ISBN 978-7-206-07612-1

版　次:2011年4月第1版　　印　次:2025年4月第3次印刷

定　价:35.00 元

如发现印装质量问题,影响阅读,请与出版社联系调换。

编者的话

"欲知大道，必先为史"。

回溯人类的足迹，人们首先看到的总是那些在其各自背景和时点上标志着社会高度和进步里程的伟大人物。他们是历史的丰碑，是后世之鉴。

黑格尔说："无疑，一个时代的杰出个人是特性，一般说来，就反映了这个时代的总的精神。"普希金说："跟随伟大人物的思想是一门引人入胜的科学。"

以史为鉴，面向未来。作为21世纪的继往开来者，我们觉得，在知史基础上具有宽广的知识结构、开阔的胸襟和敏锐的洞察力应是首要的素质要求，而在历史的大背景中追寻丰碑人物的思想、风范和足迹，应是知史的捷径。

考虑到现代人时间的宝贵，我们期盼以尽量精短的篇幅容纳尽量丰富的信息，展现尽量宏大的历史画卷和历史规律。为此，我们编撰了这套丛书。

编撰丛书的过程，也是纵览历代风云、伴随伟人心路、吸收历史营养的过程。沉心于书页，我们随处感受着各历史时期伟大人物所体现的推动历史进步的人类征服力量。我们随着伟人命运及事业的坎坷与辉煌而悲喜，为他们思想的深邃精湛、行为的大气脱俗而会意感慨、拍案叫绝。

然而，在思想开始远游和精神获得享受的同时，我们也随之感受到历史脚步的沉重

　　和历史过程的曲折。社会每前进一步都是艰难的，都伴随着巨大的痛苦和付出。历史的伟大在于它最终走向进步，最终在血污中诞生了鲜活的"婴孩"。

　　历史有继承性和局限性，不能凭空创造。伟人也有血肉，他们的思想、行为因此注定了同样具有历史的局限性和阶级的、时代的烙印；他们的功业建立于千千万万广大人民群众伟大创造的基础上。历史是人民群众创造的，伟大的人物们是历史和时代造就的。同时，我们也无法否定此间他们个人的努力。这也正是我们编撰这套丛书的目的。

　　我们期盼着这套丛书得到社会的认同，对读者，特别是青少年读者之历史感、成就感和使命感的培养有所裨益。史海浩瀚，群星璀璨。我们以对广大青少年读者负责的精神，精心遴选，以助力青少年成长进步，集结出版了《历史的丰碑》系列丛书，敬请读者批评、指正。

历史的丰碑丛书

编 委 会

策 划： 胡维革　吴铁光

　　　　 林　巍　冯子龙

主 编： 胡维革　邢万生

副主编： 贾淑文　谷艳秋

编 委：（按姓氏笔画为序）

　　　　 于二辉　刘士琳

　　　　 刘文辉　孙建军

　　　　 李艳萍　吴兰萍

　　　　 杨九屹　隋　军

弗兰西斯·培根是英国近代杰出的唯物主义哲学家，又是历史、法学、伦理学、心理学、教育学、科学、散文等方面都有所建树的著名学者，还是17世纪初英国的国务活动家、廷臣。他在20岁以前就开始了追求功名的漫长生涯，仕途上几经坎坷，成为少有的具有高官显爵的哲学家，但他的政治事业并不成功，他是以一位伟大的思想家而流芳千古的，他的名字是和近代实验科学的诞生联系在一起的，他是近代人类思想史上具有里程碑意义的杰出人物。他的名言"知识就是力量"成为人类不朽的座右铭，他的思想曾伴随着西方先进的科学技术征服过全世界。马克思对培根在科学史、哲学史上的重要地位给予了很高的评价，誉之为"英国唯物主义和整个现代实验科学的真正始祖"。

目　　录

历史的丰碑丛书

"小掌玺大臣"

> 不容否认，一些偶然性常常会影响一个人的命运；但另一方面，人之命运也往往是由人自己造成的。
>
> ——培 根
>
> 天生的才能好像天然的植物，需要学问来修剪。
>
> ——培 根

弗兰西斯·培根，1561年1月22出生于伦敦临河街约克府一个新贵族的家庭。培根的祖父曾为伯利·圣·爱德蒙斯大寺院的僧侣担任管家，培根的家族是由亨利八世自上而下的宗教改革，分配寺院土地而起家的。父亲尼古拉·培根以俗家的出身进入剑桥大学学习，并参与政治活动，成为高级官员。亨利八世大量封闭寺院、廉价出售寺院土地时，尼古拉·培根购买了被解散了的爱德蒙斯大寺院所属的几处庄园。培根的家庭无论从政治、经济，还是宗教方面，与英国新的秩序都是息息相关的。

培根的父亲尼古拉·培根曾在剑桥大学读法律，

在培根降生的前几年就当上了伊丽莎白女王的掌玺大臣、大法官，是有学问的、受人尊敬的清廉官吏。作为一名新贵族，他具有许多新思想，曾为亨利八世起草过具有革新思想的教育改革计划，目的是培养非僧侣出身的各种新型人才。这个计划重视知识、实验技

术和发明，如适于在新时代从事航海业的人员训练等
具体内容。这个计划虽然被亨利八世搁置了，但却在
伊丽莎白时代作为伦敦大学的计划实现了。

父亲对发明、对知识、对实验技术的重视无疑给
培根以潜移默化的影响。如父亲在高韩伯利别墅餐厅
的墙壁上挂着一幅画，描绘的就是谷物女神席利斯教
导世人如何播种五谷的场面，下面题写着："教育造成
进步"。后来培根一直热情倡导科学，讴歌发明给人类
带来的极大利益。在《新工具》一书中，培根还特别
援引了罗马诗人、唯物主义哲学家卢克莱修的几行诗，
表达了农业的发明是人类物质文明的第一次革命的思
想：

> 脆弱的初民不知道耕稼，
> 雅典人首先播种真伟大，
> 从此生长出油油的田禾，
> 再造了我们下界的生活。

正当英国工业兴起的时候，据说注重学问的尼古
拉收藏有很多当时新科技的名著，使培根从小就对新
工业、新世界有了热情。

培根的母亲安妮是尼古拉·培根的第二个妻子，

←爱德华六世

生有弗兰西斯和他的哥哥安东尼。她是爱德华六世的老师安东尼·科克爵士的女儿。安妮受过良好的教育，博学多才，懂希腊文、拉丁文。

　　安妮曾翻译出版过意大利宗教改革家奥奇诺的《讲道集》，还把改革家玖惠尔主教的一本著名的、为英国教会辩护的著作《英国教会的申诉》从拉丁文翻

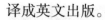

译成英文出版。

在这样一位有才学、气质奔放的母亲的抚育下，在关心教育、重视科学技术的父亲的熏陶下，在这样一个充满高层文化气息的新贵族家庭里，使培根的心灵打上良好的印记，也使他从小就表现出少年老成的庄重态度和成熟过人的智慧。

有一次，培根跟父亲谒见女王，女王问培根的年岁，虽然培根还是个孩子，却聪明地答道："我比女王的幸福朝代还小两岁。"女王非常喜欢他，称他为"我的小掌玺大臣"。

1573年，12岁的培根进入剑桥大学"三位一体"学院攻读神学、形而上学，同时学习逻辑、数学、天文学、希腊文和拉丁文。剑桥也是他父亲就读过的大

→剑桥大学

←剑桥大学

学。培根的导师是"三位一体"学院的院长怀特姬夫特博士。大学的导师要求学生研究修辞学以及亚里士多德的著作。学校把用希腊语、拉丁语进行朗诵和进行形式逻辑上的论辩作为思维训练的方法。这种论辩是答辩者用演绎形式，对两个以上的相反对的意见加以论辩，每一步都要明确的定义，并用三段论方法进行依次的论证，学校认为这是使学生思维敏捷，并使学生掌握系统地、前后一致地论述问题的技能的最好训练方法。

培根对他所学的各门课程，都表现出异乎寻常的才智和独立思考的精神，他在读了古希腊哲学家的大量著作后，对亚里士多德远离自然的空洞的烦琐哲学却越来越怀疑和不满。他说，亚里士多德的方法只富于辩驳和争论，却完全不能产生为人类生活谋福利的

→亚里士多德

实际效果。大学里讲授的大部分学问使这位当时十几岁的少年在精神上感到窒闷，他已确信当时的正统学术不能为人类生活谋利，立志从根本上进行革新，寻求一条创新之路。

当时，英国思想界正受到文艺复兴以后在欧洲兴起的新文化、新思潮的强烈冲击，少年培根极其敏锐地感受到了时代的这一脉搏。学校之外的社会更使培根得到新的教育。培根关注实验科学，深受地理大发现的影响，世界的变化启发着培根追求务实的科学，不满意华而不实的旧的知识，并萌发了科学、哲学必须为人类生活实践服务的思想信念。这一信念支配着他毕生的学术活动，并为这一目标进行了毕生的奋斗。

相关链接
XIANGGUAN LIANJIE

亚里士多德

亚里士多德（前384年—前322年），古希腊斯吉塔拉人，世界古代史上最伟大的哲学家、科学家和教育家之一。亚里士多德是柏拉图的学生，亚历山大的老师。马克思曾称亚里士多德是古希腊哲学家中最博学的人物，恩格斯称他是古代的黑格尔。

亚里士多德师承柏拉图，主张教育是国家的职能，学校应由国家管理。他首先提出儿童身心发展阶段的思想；赞成雅典健美体格、和谐发展的教育，主张把天然素质，养成习惯、发展理性看作道德教育的三个源泉，但他反对女子教育，主张"文雅"教育，使教育服务于闲暇。

亚里士多德一生勤奋治学，从事的学术研究涉及逻辑学、修辞学、物理学、生物学、教育学、心理学、政治学、经济学、美学等，写下了大量的著作。他的思想对人类产生了深远的影响。他创立了形式逻辑学，丰富和发展了哲学的各个分支学科，对科学等作出了巨大的贡献。

寻求仕途

> 为谋得高位或者说为凌驾于他人之上，宁可以失去自由为代价。人性的这种欲望真是不可思议！何况取得权势并非一件容易的事。人在这条路上要忍受许多痛苦，然而得到的未必不是更深的痛苦。
>
> ——培 根

1576年，培根大学毕业，当时只有15岁。在剑桥读书的三年期间，培根在艺术和科学等几门课程的学习中获得了"精通和勤奋"的赞誉。

离开大学之后，培根入格雷律师公会学习法律。格雷律师公会是英国中世纪以来的四大律师公会之一，在英国若想成为律师或法官，就必须先成为该公会的会员。培根到格雷律师公会开始修习法学，希望将来成为一名律师或法官。

1576年9月，由于父亲友人的推荐，培根作为英国驻法大使埃米阿斯·鲍莱爵士的随员到了法国，担任外交事务秘书。在法国的3年时间里，除了受到外交事务的实际工作锻炼外，还有机会观察大陆国家的

政治状况。后来培根曾把他所观察了解的情况写成了《欧洲政情记》。

对于巴黎的学术沙龙，培根印象最深。32年后，培根的哲学著作《各家哲学的批判》采用的就是一个哲学家在集会上演说的形式写成的，而这个虚构的集会地点就设在巴黎。此书的开头写道：

大约有50个人出席，其中没有年轻人，都是上了年纪的，而且每个人的脸上都带着尊严和荣誉的标记。集会的人中，有些是当过官的，有些是上议员，也有来自不同国家的外国人。他们都有秩序地一排一排地坐着，互相亲切交谈，好像在等待着某人似的。不一会，有一位安详沉着，但惯于表现怜悯之状的人走到他们中间。

这个人就是培根要在这本书中让他来讲述重要思想的人。显然这个虚构的演讲集会，就是培根当年在巴黎参加过的类似集会的记忆。

在法国，培根还受到当时法国在制陶业、化学、地质学、造林学、农学上获得过惊人进步的发明家波纳德·巴西里的影响。波·巴西里倾家荡产从事制陶业。培根在法国工作时，巴西里多次向听众讲演，他的新奇的范例，必然影响到培根。培根在《新工具》中曾说：

→培根作品《新工具》

"科学的、真正的、合法的目标说来不外是这样：把新的发明和新的力量惠赠给人类生活。但对于这一点，绝大多数人却没有感到，他们只是雇佣化的和论道式的；只偶然有智慧较敏、又贪图荣誉的工匠投身于新发明，而他这样做时多半是以自己的财产为牺牲。"

可见青年时的培根就留心观察发明创造给人类带来的利益以及发明者的方法和政府的科技政策。

1579年2月，培根的父亲在69岁时突然病逝，他中止了在英国驻法大使馆的工作，回国奔父丧。据说，尼古拉很宠爱培根这个最小的儿子，正在特别储蓄着一大笔款项，准备购买相当可观的田产，以作为日后生活之资。可是，父亲的突然去世，使当时只有18岁的培根的生活造成了巨大的转变。培根所继承的，仅是父亲遗产的1/5（培根同父异母的兄弟共5人）。培根的经济状况突变，从一个贵公子突然陷于穷困之中。自此，过惯了舒服生活、生性奢华、不能量入而出的培根陷于负债的境地，一生都难以摆脱，这一点对他的生活产生了极大的影响，造成了他以后的许多不幸。在他37岁时，就因负债问题被他的债权人送入监狱，不久被释放。到培根去世时，还资不抵债。

培根回国后，为了谋生，一面在格雷公会学习法律，一面到处谋求职位。培根坚持自修，完成了他的法学教育。1582年，通过考试在格雷公会取得初级律

→培根

师的资格；1584年，23岁时被选为众议院议员；在以后的议会选举中培根一直连选连任，到1618年当上贵族院议员为止，还代表许多选区当选众议院议员；1586年，当选为格雷

公会首席会员之一。培根一生都与格雷法学院有密切关系，其校园也出自培根的设计。

1589年，培根获得皇室法院（英国最高民事法院）书记官出缺后的候补职位。这个年收入达1600英镑的职位，一直在20年后才出现空缺，因此培根在1618年才得以继任。而在当时，对培根的经济收入毫无补益，只能望梅止渴。对此，培根常说："这仿佛他人的田产接壤着自己的家屋似的，虽能改善视野，却不能充满谷仓。"

培根在国会和法庭上的辩才是非常著名的，他的同时代人、著名剧作家、诗人本·琼生对培根的辩才有过很生动的描述：

> "没有第二个人比他说得更清楚、持重而
> 有感动力了。他的材料比什么人都丰富，他的
> 内容比什么人都充实，他的演讲词的每一部
> 分，紧相贯彻，无懈可击，所以听他演说的
> 人，不能偶然之间头向外看，否则就要遗漏相
> 当部分的意见了。凡他演说的地方都用演讲词
> 控制了听众，此时没它种势力可以吸引听众
> 了。听他讲演的人都有一种恐惧，恐怕他的演
> 说即要宣告结束。"

在培根20岁以前，就开始了追求功名的漫长生
涯，但这条道路非常坎坷，他曾屡遭挫折。

培根的姨父威廉·赛西尔·博莱伯爵，是英国著
名的贵族，其家族与皇室关系密切。博莱曾在剑桥大
学和格雷律师公会学习，是培根父亲尼古拉的同学和
朋友。博莱在爱德华六世、玛丽王朝都曾做过官。伊
丽莎白继承王位后，博莱是伊丽莎白枢密院里权力最
大的成员，是女王的财政大臣、国务秘书、首相，他
对女王及整个王朝都有重大影响。培根第一次求职是
向他的姨母博莱夫人提出来的，但博莱夫人总认为自

→女王伊丽莎白一世

己的外甥过于自信而没有支持他的请求。他又直接给姨父博莱伯爵写信，请求帮助。培根在信中叙述他当时的处境说：

"我现在31岁，这已是一个不小的年龄。但是我仍然一无所成。……我有幸生逢在当今

这样一个可以大有作为的时代，我希望效忠女皇和国家……然而我处境贫困（这并非由于我懒惰或挥霍所致），我的健康也受到了影响。"

在这封信中，培根表述了他的求职方向和抱负，他表示：

"我无意于功名利禄、升官发财。我只希望能得到一个职位可以谋生，并有足够的业余闲暇使我从事我所热爱的科学研究。我的荣誉感正激使我走向一个新事业。我已经做出了一些重要的发现。我想清扫那些无意义的哲学争论，而探索一种可以通过观察、思考和发现，去达到真理的新途径，使人类知识获得进步。"

培根改革人类知识的大志，后来在晚年写作的不朽名著《论学术的进步》《新工具》等书中才得以系统地表述。

在求职问题上，博莱认为，培根的性格过于骄傲自大，不同意培根倾向于使固定制度紊乱的革新，不容忍培根反对炼金术。培根在给博莱的信中，把炼金术斥之为"盲目的实验、耳目的传说和欺骗的手段"。

当时在英国，宫廷的女王和大臣都热衷于炼金术，梦想把普通的金属变成黄金。作为财政大臣的博莱更是迷信炼金术，因为他正苦于寻找大量的钱财供给英国海军去同英国的宿敌西班牙抗衡，所以他把希望寄托

→女王伊丽莎白一世

于炼金术。

另外，据说博莱妒忌培根的才华，担心培根日后成为他的儿子罗伯特·塞西尔潜伏的竞争对手，因而有意从中作梗。罗伯特·塞西尔后来成为索尔兹伯里伯爵，尽管在学术上是二流的，但他继承了他父亲的位子而成为首相，并保留这个位子一直到1612年去世。

培根作为前掌玺大臣的儿子，又是当朝重要大臣博莱的外甥，特别是本人又才华出众，作为一名议员和律师，在当时一系列的法律和政治事件中，已经崭露头角。这些伊丽莎白女王早有所知，但却不愿提携他，这与培根在国会的早期活动中，站在民权方面反对增加捐税的著名讲话触怒了女王有很大关系。

伊丽莎白女王为了与西班牙争霸，需要增加大批经费，曾要求议会增加捐税。培根在议会辩论时，对此持反对态度。培根指出："穷人的地租不是土地所能生产出来的，通常都不可能交付那么多，绅士只需卖掉他们的镀金器具，农民则需卖掉他们的铁壶"，"现在要增加巨额捐税，无疑是在伤处再插上深针"。

女王对此非常愤慨，认为培根冒犯了她。过后，培根承认自己"鲁莽和直率"，请求女王原谅，但拒绝撤回在国会的讲话。为此，女王一直耿耿于怀，从不原谅他，所以培根在伊丽莎白时代一直得不到重用。

相关链接
XIANGGUAN LIANJIE

伊丽莎白一世

伊丽莎白一世（1533—1603），生于英格兰，她受过良好教育，通晓拉丁语、法语、意大利语等语言，信仰新教。伊丽莎白于1558年11月17日至1603年3月24日任英格兰和爱尔兰女王，是都铎王朝的第五位也是最后一位君主。她也是名义上的法国女王。她终身未嫁，因此被称为"童贞女王"，也被称为"荣光女王""英明女王"。在她之前的都铎王朝君主顺序是亨利七世、亨利八世、爱德华六世和她的异母姐姐玛莉一世。

她即位时英格兰处于内部因宗教分裂的混乱状态，但她不但成功地保持了英格兰的统一，而且在经过近半个世纪的统治后，使英格兰成为欧洲最强大富有的国家之一。英格兰文化也在此期间达到了一个顶峰，涌现出了诸如许多著名的人物，包括剧作家威廉·莎士比亚、克利斯托弗·马洛和班祖明·约翰逊；桂冠诗人爱德蒙·史宾沙将《仙后》献给她；法兰西斯·德瑞克爵

士在其任内成为第一个环航地球的英国人；弗兰
西斯·培根爵士发表了他对哲学与政治的观点；
沃尔特·罗利爵士和韩弗理·吉伯特爵士在北美
建立了英国殖民地。她的统治期在英国历史上被
称为"伊丽莎白时期"，亦称为"黄金时代"。

培根与艾塞克斯

世界历史的地位高于私人道德的地位。

——黑格尔

历史的道路不是涅瓦大街的人行道，……谁怕满身尘土，玷污靴子，他就不要从事社会活动……对于道德的纯洁可以有不同的理解。

——车尔尼雪夫斯基

培根通过博莱求职未获成功，继而求助于艾塞克斯伯爵。艾塞克斯是女王伊丽莎白年轻的宠臣和情人（女王终身未结过婚），他相貌英俊、才智过人，17岁入宫为臣，18岁就立过战功。年龄比他大33岁的女王曾垂爱于他。

在艾塞克斯受宠的时候，他的权势炙手可热。

1591年前后，培根正当穷困潦倒之际，在一次宫廷集会上，结识了这位贵人。艾塞克斯关心发明，关心进步，爱好哲学，对培根的才华产生了深刻的印象。培根比艾塞克斯大5岁，作为一个聪敏的年长者，经常给艾塞克斯提出一些有益的建议和忠告。艾塞克斯也一度把培根看作是政治活动中和私人生活上值得重视的顾问。

艾塞克斯很同情培根在仕途上怀才不遇，他曾三次极力推荐培根谋求宫廷要职，但都落了空。第一次是首席检察官之职。艾塞克斯认为，自己20岁时在宫廷就获得迅速的晋升，为什么培根32岁还不能给予这个位置？但由于过分热心和计划不周而失败。这个位置后来被培根一生最持久的敌人爱德华·科克所占有。第二次是关于副检察官之职，第三次是关于大法官厅里的副大法官之职，可是都没有成功。

艾塞克斯是一个轻浮放浪的贵公子，当时正由于未得到女皇的允许就与一位贵族寡妇结婚而有些失宠，但他过于自信，错误地估计他自己以及与女王的关系，他以为凭着他在宫廷及女王心中的位置，足可以指派自己推荐的官员，但事实上远不是那么简单。他与女王年岁悬殊的私情关系，不可能左右女王在政治上的

→女王伊丽莎白一世

决断。女王虽然宠爱艾塞克斯，但她向来都非常小心地避被宠幸者在政治上利用她的感情。

艾塞克斯无奈，为缓和培根求职不成的沮丧，于

1595年把自己一处价值1800镑的托维克那姆庄园赠予培根，培根把这处庄园用来抵债。这虽然不够弥补培根的巨大亏空，但还是给了他很大的帮助。艾塞克斯在给培根的信中说："你选择了我作为你的依靠是倒霉了，在我的事情上，你已经花费了许多时间和智力，我希望你不会拒绝接受赠给你的这一块土地。"

培根在接受赠予的复信中，全然没有讲到感谢艾塞克斯的话（因为培根以为女王能看到此信），而且极力抹去私人的感情色彩，他强调，他接受伯爵赠予的礼物，不是为了任何个人的事情，而是作为热切期望为女王服务、为从事哲学事业的需要，是为了公利。

培根在这封信里强调他是为公的，并暗示他不依附于个人。因为艾塞克斯通常要求他的被保护人、被赞助人不仅感激他，而且要在他的政治圈子里，服从他的政治事业。培根接受他的赠予，却宣布他是"独立"的，不是保护人的奴隶，事实上，这也就是同时宣布了培根对艾塞

← 艾塞克斯

克斯依赖的终结。从此，两个人的关系渐渐疏远了。

　　不过，尽管如此，艾塞克斯在需要时，还是向培根征询建议和忠告。一次，艾塞克斯打算亲自统率去镇压蒂龙伯爵领导的爱尔兰起义，他就此想法征求过培根的意见。培根清楚地看到，蒂龙足智多谋，善于

→女王伊丽莎白一世

游击战，是很难对付的；另外，女王的这次出征意图
完全是为了征服和占有，肯定会受到非议，谁去统率，
谁就会身败名裂。

艾塞克斯听从了培根的劝告。在枢密院，艾塞克
斯和博莱双方一心想推对方的人去统率这次有可能全
军覆没的镇压，会上的争吵非常激烈。女王对此本来
已经十分恼火，加之艾塞克斯又在会上傲慢专横，不
断盘问、取笑，女王怒不可遏，打了艾塞克斯一耳光，
喝令其退出会场。此后，艾塞克斯与女王的关系急剧
恶化。

1596年，艾塞克斯在对西班牙的作战中摧毁了西
班牙无敌舰队的剩余部分，一夜之间成了民族英雄，
从而洋洋得意，更加狂妄自大，女王更为这位宠臣的
执拗和放荡不羁而苦恼。这时，培根劝告艾塞克斯：
要赢得女王，不仅靠感情上的一时宠爱，还应在涵养
上与女王的智慧相一致。培根还提醒他，贡献比名声
更有价值，在对待女王的关系上，服从比供奉更好。
但年轻气盛的艾塞克斯没有把培根的劝告放在心上，
加之他自己的骄纵，树敌过多，使他逐渐失去了女王
的信任。

1599年，艾塞克斯奉命率军远征爱尔兰，但损失
惨重。他擅自会见起义领导人蒂龙，同意了等于英国

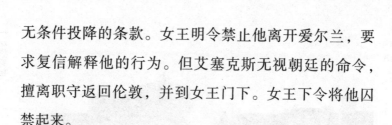

无条件投降的条款。女王明令禁止他离开爱尔兰，要求复信解释他的行为。但艾塞克斯无视朝廷的命令，擅离职守返回伦敦，并到女王门下。女王下令将他囚禁起来。

艾塞克斯在伦敦塔中被囚禁了近一年后，女王记起往日的情分又把他释放了。艾塞克斯获释后，培根给他写了一封信，说一直感到遗憾，并告诫到："阁下，你用蜡翼飞行，应疑惧伊卡鲁斯的命运。"伊卡鲁斯是希腊神话中的传说人物，他用蜡翼高翔空中，飞近太阳时蜡翼融化，堕海而死。培根用这个比喻规劝艾塞克斯应该用自己具有的、已经长成了的羽翼。

释放后的艾塞克斯满腔怨怒，根本听不进培根的忠告。他相信他的仇人马上要置他于死地，使他覆灭。

→ 伦敦塔

← 伦敦塔

这时他已处于经济崩溃、身负重债之中，女王根本不帮他的忙。他在私下大骂女王、大骂枢密院成员、大骂博莱，甚至骂伊丽莎白是一具"扭曲了的尸体"。这话传到了女王耳朵里，使女王伤心到了极点。同时，艾塞克斯暗中外结苏格兰、爱尔兰，内结天主教派，准备借外力压迫女王，清除与自己为敌的实权人物。计谋未成，却弄得流言四起。

在一些亲属和随从的鼓动下，惶惑之中的艾塞克斯决定组织武装反叛，以夺取宫廷权力，1601年2月8日，他拘禁了掌玺大臣伊杰顿和3个贵族作为人质，并率领几百名家丁和党羽，鼓噪入城。原指望引起整个都城的叛乱，可是没有人愿意跟随他去攻打王宫。

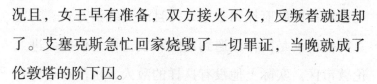

况且，女王早有准备，双方接火不久，反叛者就退却了。艾塞克斯急忙回家烧毁了一切罪证，当晚就成了伦敦塔的阶下囚。

培根当时作为女王的法律顾问，被分派与首席检察官爱德华·科克一道作为此案的起诉人。科克在其中表现得笨拙无能，于是培根不得不主持审判，培根在得知艾塞克斯的上述活动后，即认定艾塞克斯是有目的、自觉的谋反。在法庭上，培根驳回了艾塞克斯关于"私人争吵"和"以请愿方式哀求女王"的辩护。说自己是作为被告的亲密朋友来讲话的。正是作为朋友，他应该证明艾塞克斯确实计划谋反，虽然作这样的证明违背自己的意愿。

培根说："一切历史都记载得很明白，人们所听到的叛国分子，没有一个不是用花言巧语来掩饰其诡计的。"艾塞克斯为掩饰他自己，所以中伤几位大臣和枢密院顾问官，使他们失去女王陛下的信任；又说他非常害怕他的所谓敌人，怕他们在他的住所谋害他。因此他说，他是被迫闯入市区谋求救援和帮助的。他有些像皮西斯特雷陀斯。古书上写着此人用刀割伤自身，带着创伤奔入雅典，一面大叫有人要谋害他，仿佛差一点丢了性命。自以为用这种伪装的伤害和危险可以感动人们同情他，并且支持他。而他的目的和宗旨却是把雅典的政府抓到手里，并且改变统治方式。艾塞克斯伯爵就是同样以遇到危险和攻击作为借口而进入伦敦市区。实际上他没有这样的敌人，也没有这样的危险。事实是一清二楚的，"而且，伯爵，"培根转向艾塞克斯说，"对这一问题，您在答辩中所说的，或者可能说到的，无非都是捕风捉影的东西。因此在我想来，您最好还是老实招供，而不要再作辩解吧"。

就这样，培根在法庭上以有力的证据驳回了艾塞克斯关于"私人争吵"和"以请愿方式哀求女王"的辩护，法庭结果判定艾塞克斯有罪，并于谋反后的第17天即被处以极刑，此时他年仅34岁。

艾塞克斯受极刑后，培根又受命起草了一本《故艾塞克斯伯爵罗伯特及其同党叛国罪行概览》的小册子。这本小册子简单明了地说明此番叛乱是一项蓄谋已久并精细策划的阴谋的结果。为了酬报他的劳绩，女王赏给培根1 200镑，使他的财务状况有所改善。

培根在艾塞克斯的问题上的行为一向受到人们严厉的责难。在小说《深宫孽海》里，培根被描写成忘恩负义的卑鄙小人，但在哲学史上却一直有全然不同的看法，此事成为一桩公案。

培根作为一名王室法律顾问和一名法律公职人员奉命参与艾塞克斯一案的审理工作，由于他与艾塞克

→罗素

斯的特殊关系为上流社会所共知和注目，所以培根在审理过程中不得不表现严厉以示公正，同时也借以表白自己不徇私情而站在女王和国家利益的立场上。培根的不智，也许在于他未能主动回避参与艾塞克斯叛国案的审理工作。但如果他那样做，就有可能被作为同谋犯而卷入此案。培根在当时的地位是很低的，可能他别无选择。

英国著名哲学家罗素在《西方哲学史》一书中对培根作了如下的评论：

"把培根描绘成忘恩负义的大恶怪，这十分不公正。他在艾塞克斯忠君期间与他共事，但是，在继续对他忠诚就会构成叛逆的时候抛弃了他，在这点上，并没有丝毫让当时最严峻的道德家所指责的地方。"

培根在1604年，即詹姆士继承英国王位后，曾经为此事进行申辩。因为艾塞克斯当年在爱尔兰私下与詹姆士联系，要求他承继王位，当时詹姆士是苏格兰王。培根为此写了《关于对故艾塞克斯伯爵的指责——培根的解释》。

培根在文中自己申辩说：

"我的辩护不需要冗长和繁复，就是关于那件案子和审讯过程中我所作的一切，都是出于我对女王和国家职责和义务，在这样的事情上，我决不为世界上的任何人而表现虚伪和胆怯。因为任何诚实而居心端正的人都宁愿舍弃他的国王而不愿舍弃他的上帝，宁愿舍弃他的朋友而不舍弃他的国王，但宁愿舍弃任何尘世的利益，还有在某些情形下，宁愿舍弃自己的生命而不愿舍弃他的朋友。"

培根这种受到人们非议的效忠行为，并没有使伊丽莎白对他的厌恶和不信任得以消除。当伊丽莎白逝世后，詹姆士一世继位，才再一次给他带来晋升的希望。

相关链接
XIANGGUAN LIANJIE

伦敦塔

伦敦塔始建于1078年。它在历史上既作过王宫，也作过法院，后来又是一所监狱。伦敦塔占地7.2公顷，周围用巨石筑成一道厚实的城墙。城墙上有许多炮台、箭楼，四周是一条又宽又深的护城河。从1107年，诺曼征服伦敦后，伦敦塔成了国王行辕总署和兵营。从1140年到17世纪该塔一直是英国历代国王的主要住处。英国暴君詹姆士一世在塔内被处死之后，伦敦塔就成了监禁犯

人的牢狱和刑场。

伦敦塔在英国王宫中的意义非常重大，作为一个防卫森严的堡垒和宫殿，英国数代国王都在此居住，国王加冕前住伦敦塔便成了一种惯例。伦敦塔还是一座著名的监狱，英国历史上不少王公贵族和政界名人都曾被关押在这里。此外，古老的伦敦塔在历史上还充任过造币馆、观象台、动物园等。

伦敦塔现在已经成了对外开放的博物馆。塔内有个珍宝馆，观众可以看到英国历代国王的王冠、王室珍藏的金银珠宝。伦敦古堡中还有一些身体肥胖称为"渡乌"的大乌鸦，有专人饲养。伦敦塔有千年的历史，堪称伦敦最悠久的古迹。1988年被列为世界文化遗产。

詹姆士一世

詹姆士一世（1566—1625），英国国王，1603年3月24日到1625年3月27日在位，同时也是苏格兰国王詹姆士六世，1567年7月24日到1625年3月27日在位。

詹姆士出生后5个月，其父死亡，其母遭苏格

詹姆士一世

兰贵族驱逐，流亡英格兰。1567 年，詹姆士被立为国王，称詹姆士六世，由几个大贵族执政。1583 年，詹姆士六世亲政。1587 年，其母玛丽因卷入暗杀英格兰女王伊丽莎白一世的阴谋而被处死。同年，詹姆士迎娶丹麦国王腓特烈二世的女儿安妮公主。

1603 年，英国女王伊丽莎白一世指定詹姆士为其继承人后驾崩。詹姆士即位为英格兰国王，自封为大不列颠王国，称詹姆士一世。詹姆士一世不了解英国议会，看不起议会下院，鼓吹君权神授。1611 年，第一次解散议会。在执政最后的18 年里，王子查理和白金汉公爵乔治·维利尔斯操纵了一切。失去判断力的詹姆士一世排斥在外。1625 年，詹姆士一世驾崩。

仕途的巅峰和终结

> 为了取得权势，人们常常不择手段。但即使达到高位也往往坐不安稳，一旦倒台便是身败名裂。因此，这真是一件可悲的事。正如古语所说："早知今日，何必当初！"然而，识时务者又有几人？在宦海激流中，人们常常在应该退时不肯退，想要退时已退不成。
>
> ——培　根

1603年伊丽莎白驾崩。伊丽莎白终身未婚，没有后嗣，其侄儿苏格兰王詹姆士六世继承王位，称为詹姆士一世。这时培根还没有追求到高位，心灰意冷之际，只好寄希望于新的王朝。于是培根给那些接近国王并能影响国王的人大量发信联络，请求帮助，以求在新王朝中获得他在女王时代未曾得到的官职。

经过大量的书信活动后，培根对自己的前景甚为乐观。他认为游说活动的时代已经过去，现在是接受的时代了。其实，培根估计错了。詹姆士只在1603年7月授予培根爵士的封号，当时受封的有300人。甚至

→女王伊丽莎白一世

连他在国王再委任的顾问名单中的名字也被勾掉了。培根非常失望，在给表弟塞西尔的信中说，他既要做科学的"伟大复兴"工作，又要追求"尊贵的职位"。他认为追求尊贵的职位是为了实现"伟大复兴"的条件。仕途受挫，他要全力从事学术研究工作。

在此期间，培根写了《关于自然解释的序言》《自然的解释》《时代勇敢的产儿》并开始执笔写《论学术的进步》。在《关于自然解释的序言》里，培根讲述了科学技术以及具有方法论性质的理论的发明、发现的伟大意义。《时代勇敢的产儿》是培根《伟大复兴》的最初图稿，其副题为《人对

← 培根

宇宙统治权的伟大复兴》。在这里，培根用尖刻乃至粗暴的语言，对古希腊的哲学家逐个点名批判，在咒骂里面包藏着培根向旧哲学的脓疮进攻的精神。

培根并未放弃在宫廷中谋求职位的努力，他直接给詹姆士写信，并在他出版的《论学术的进展》中，把书题献给詹姆士。在接二连三的上书致颂上，培根把詹姆士与上帝相提并论，溢美之词不顾谄媚。他在献词中说：

"再说到陛下的智慧方面，亦是一样地才学兼优，天禀资质既优美绝伦，学问造诣又淹贯博通。我敢说，自从基督降生以来，世上的君王，论文艺的优美，论学问的宏博，不论在神学方面、俗学方面都赶不上陛下的精通豁

达……人们如果觉得这话难以置信，那么我请他们精勤探索，仔细考究罗马历代的帝王，其中最有学问的，有在基督以前的大执政恺撒、马可·安东尼；再其次可降而寻希腊以及西方历代帝王；再其次可考求法兰西、西班牙、英吉利、苏格兰等国家的历代帝王，他们一定会看到我的判断，实系至情，毫无矫饰……何况身生帝王之家，犹能畅饮学术之源泉，甚至己身都具学术的源泉呢？那还不足神奇吗？更有奇者，不论神圣典籍、世俗学艺，陛下都博综明练，融会贯通；就是一般人所敬仰的海明，他所有的三绝，陛下都兼坛其美，有国王的权力与富贵，有僧侣的睿智与光辉，有哲人的博学与远见。陛下的这种特质，既系天禀，且是绝世，不独值得当代的令名同景仰，不独值得后来历史的叙述和歌颂，更当有一种不朽的著述永久的纪念，千古的柱石，表扬大王的权力，来镌刻大王的奇异，来刻画大王的恩志。"

这种献媚的卑污之事，在当时英国的道德环境下是不足为怪的，是宫廷的普遍特性。有人总结说，诡谲、谎言、谄媚与美貌，是当时伊丽莎白朝廷获宠的四大道路。詹姆士王朝也不例外，培根要想通过仕途达到高位，也必须通过这样的道路。

培根对攀附奉承权贵者并不鄙弃责难。他在《论学术的进展》中辩解说：

"记得从前有一人戏问狄奥根尼，为什么哲学家要给富人当从者，而富人就不给哲学家当从者？他便很审思尖刻地答道：'那是因为哲学家知道自己所需要的事情，而富人不知道的缘故。'还记得亚里斯提卜曾经有一次向狄奥尼修斯王有所请求，王不听，他便跪到王的脚下，于是大王便停住脚，接受了他的禀词，并且准如所请。后来有为哲学关心的人们便斥责亚里斯提卜，说他不应该因为私人的祈求，便污损了哲学的业务，跪在暴君的脚下，但他回答说，那不是他的过错，因为王的耳朵偏要长在脚上。"

培根的结论是：这种服从强权、委曲求全的办法，我们万不能深恶痛绝，因为在表面看来，这种行为不免卑鄙；但考之实际，我们只应当看他们是服从情势，不是服从个人。正是这种"服从情势"的卑污和辛酸，

才能使培根达到高位。

1603 年，培根就向詹姆士写了《简论英格兰苏格兰王国的联合》，并在议会里积极活动，甚得詹姆士的欢心。1607 年，培根被委任为副检察长。这个职位，是 20 年前伊丽莎白拒绝给予培根的。1612 年，培根的劲敌首相孛尔兹伯里伯爵去世。孛尔兹伯里就是培根的表弟罗伯特·赛西尔。另一个构成培根发展的主要障碍——爱德华·科克升入高等法院。1613 年培根终于得到了他长期追求的首席检察官的位置。培根又竭力把自己推荐给国王新的宠臣乔治·维利尔斯，此人很快就成为伯爵，后来又被封为白金汉一等公爵。培根《论说文集》的扩大修改本，就是献给白金汉公爵的。白金汉公爵利用他的势力，替培根力谋升迁。白金汉公爵以维护王权为己任，反对科克拥护民权。

→乔治·维利尔斯

1615 年皮查姆一案，使培根和科

克长期存在的敌意

又深了一步。皮查

姆是个牧师，因在

他的文章中对一次

布道进行了评论，

而被怀疑是煽动谋

反。培根受理此

案，施严刑拷问，

要他供出并不存在

的同谋犯，但没有

得到口供。在对皮查姆谋反的起诉过程中，培根建议

政府分别征询法官的意见，而不是一起听他们的意见。

在科克和国王之间，对各级法院的审判权限问题存在

一系列的冲突，培根支持国王。最后国王靠权力为此

做了结论，科克被国王解除了职务。

　　1617年，培根得到了他父亲曾担任的掌玺大臣的

职务。1618年，官阶的最后一步，培根也终于升上去

了，成为英国大法官——这是君权之下最高的法律职

务。同时，被封为维鲁兰男爵。1621年，又封为圣阿

尔本斯子爵。至此，培根达到了他仕途的巅峰。

　　但好景不长，就在封为子爵后不久，他一生中最

大的厄运降临，他在众议院被控犯有受贿罪，成了议

会与王权斗争的牺牲品。

　　1621年，詹姆士因筹款艰难，不得不招集众议院议会。这次议会的头一个举措就是要求改革专利权法案。由于培根一向站在詹姆士一边，逢迎国王的旨意，维护王室关于专利的特权。因而，培根的宿敌爱德华·科克鼓动议会，要求弹劾大法官培根，主要的理由是培根担任法官时曾接受委托人的礼品。

　　培根不否认他接受过不正当的馈赠，但并不承认他因此而枉过法。其实，在培根的时代，英国宫廷上下贿赂成风。所以他在议会中曾这样说："诸位请注意，犯下这一罪的不仅是我，而且是这个时代。"他在当时致白金汉公爵的一封信中说："我认为自己的双手是干净的，良心是清白的。……但是在我们这个时代，哪怕担任大法官的是使徒约伯或任何其他人，他们也随时可能被指控犯下最丑恶的罪。因为在这个时代，不仅控诉成了一种时髦，而且诬陷也成了时尚。"但是，培根在案子待决时接受金钱的馈赠，这在道德和法律上都是无法辩护的。培根当时也做过如下的告白："我意志软弱，所以也沾染了时代的恶习。"

　　1621年5月3日，上议院通过了对培根的宣判，解除培根的一切公职，罚金4万镑，终身囚于伦敦塔内以候王命，不得进入宫廷范围内地区，驱逐出议会。

实际上，罚金被赦免了，在伦敦塔关了两天就被释放了。但他未能幸免于被逐出宫廷周围12里之外的判决，于是，只好将自己的诞生地——富丽堂皇的约克宫卖给贪婪的白金汉公爵，不失高雅地从事劫后的清理工作。

在受审期间，培根对自己一生做过深沉的自省和忏悔，其间他一度身染重病，几濒死亡。因此，他写过一篇著名的忏悔祷词，其中有一段自我评价：

"仁慈的主，面对我的无数罪孽，我在你面前深沉自省。我感谢你恩赐我以才能。对这一才能，我既没有埋没，也没有将它们用在可能给我带来最大利益的场所。遗憾的是，我经常误用它们于不适宜的事物上。我是人生旅途中的一个迷途者，我的灵魂对于我的肉体是陌生的！"

培根懊悔了，懊悔他不该久久迷恋仕途的生涯。从此以后，他全力转入历史及哲学的著述工作，真正开始了他一生中最有价值的历程。

战胜厄运的晚年

　　超越自然的奇迹，总是在对厄运的征服中出现的。

　　　　　　　　　　——培　根

　　幸运所需要的美德是节制，而厄运所需要的美德是坚忍；后者比前者更难能可贵。

　　　　　　　　　　——培　根

→培根

　　培根被贬是其政治生涯的结束，但他没有一蹶不振，直到他逝世前的 5 年间，仍然保持着活力和进取精神。

　　培根并没有放弃困扰了这位伟人一生的求取功名的夙愿，在下台后初期，再次努力寻找政治职位，未获成功后，开始全力以赴从事理论著述和为百科全书收集材料，为他那"伟大复兴"的工作添砖加瓦。

这期间，他写了一篇《论厄运》的文章，增补于他的《论说文集》中。这篇文章表达了他从逆境中很快地振作起来的不凡的心态。他说：

"好的运气令人羡慕，而战胜厄运则更令人惊叹，这是塞尼卡（古罗马斯多葛派哲学家）得之于斯多亚派哲学的名言。确实如此，超越自然的奇迹，总是在对厄运的征服中出现的。塞尼卡又曾说：'真正的伟人是像神那样无所畏惧的凡人。'这是一句宛如诗歌一样美的名言。……幸运所需要的美德是节制，而厄运所需要的美德是坚忍；后者比前者更为难能可贵。……一切幸运都并非没有烦恼，而一切厄运也绝非没有希望。最美的刺绣，是以明丽

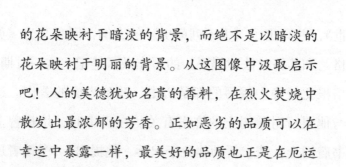

的花朵映衬于暗淡的背景，而绝不是以暗淡的
花朵映衬于明丽的背景。从这图像中汲取启示
吧！人的美德犹如名贵的香料，在烈火焚烧中
散发出最浓郁的芳香。正如恶劣的品质可以在
幸运中暴露一样，最美好的品质也正是在厄运
中被显示的。"

培根以令人难以置信的毅力战胜了厄运。他能在
"那么多的光荣，那么多的耻辱"的情况下，还能那么
出色地去实现他的伟大计划。这正是培根之所以成为
伟人的素质所在。

他在被贬后不
到 6 个月，就完成
了《亨利七世》这
部历史著作。这部
著作富有哲学意味，
被后人称为"近代
史学著作的里程
碑"。马克思在写
《资本论》时曾援引
过它。同时，培根
又着手写《亨利八

世》，并写出了《大不列颠史》的大纲，同时又为《英格兰和苏格兰法律提要》的写作做了笔记。这一时期，培根比较集中撰写的都是历史、政治方面的著作。这与他履行对詹姆士的许诺有关。在受审时，培根曾上书詹姆士，请求帮助他免于起诉，他提出："受馈者还赠以馈；臣竭诚馈赠于陛下——如蒙垂恩赦罪，当修英国良史以报。"

然而，培根更为热心的，还是他的"伟大的复兴"的宏伟计划。为了完成这一计划，他那甘做"小工""挑夫"的精神是令人称道的。为了给百科全书，即科学与实验的历史做准备，他亲自做了大量收集材料的工作。他摆脱了心灵上的重大创伤以及时代和贵族特有的偏见，以坚韧不拔的执着精神，脚踏实地地从事着促使科学复兴的每一个具体细小的事情。这是培根作为一位时代伟人的可贵之处。

1622年，培根为百科全书写作了第一个分册——《风的历史》；1623年他完成了第二个分册——《生与死的历史》，这一年还出版了《论学术的进步》的拉丁文扩大本——《论科学的尊严及其发展》；1624年，执笔写作《新大西岛》，未能完成。其余的时间除修订增订增补《论说文集》的第三版外，差不多全倾注于百科全书材料的汇集工作。他辛勤地把自己所能得到的，

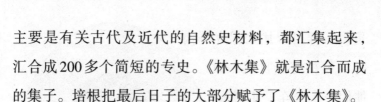

主要是有关古代及近代的自然史材料，都汇集起来，汇合成200多个简短的专史。《林木集》就是汇合而成的集子。培根把最后日子的大部分赋予了《林木集》。

1625年，培根的身体状况已经不佳，他在给一位神父的信中说，他已不能完成自然史了，但他已经把这部分工作清楚明白地向人们描述了，这如同把任务向后人嘱托一样。培根最后也正是牺牲在为科学而作"挑夫""小工"的岗位上，成全了他自己所盼望的"在热烈的搜求中静静地死去"的心愿。

1626年3月底，春寒正厉。培根坐马车到伦敦北郊的海格特，同行的有威瑟伯尼医生。正值白雪铺满大地，美丽的雪景使培根突然产生一个念头，雪和盐

→古罗马竞技场

是否一样可以用来保存鲜肉呢？他决定亲自试一试。他们下了马车，走进海格特山脚下一个穷苦妇人的家里，买了一只鸡，请这位妇人把鸡内脏取出，再把雪填进鸡的腹腔里，培根自己也帮着做。冰冷的雪使他着了凉，由于生了病，他无

← 普林尼

法回到格雷公会的寓所，只好投奔住在海格特的阿伦德尔伯爵家。主人不在家，仆人们热心地接待了他，并把他安置在一张铺有丝绒被的华丽的床上，可是，这张床有近一年未曾使用，床上又潮又凉，这又加重了培根的病情。不过培根并未意识到病情的严重，还清醒地给主人阿伦德尔伯爵写了一封感谢信，兴奋地告诉伯爵，他的冷冻母鸡的试验大获成功。同时还风趣地把自己为科学真理而冒风寒的举动，与老普林尼要在维苏威火山附近观看它的爆发的决心相比。他写道："我有类似老普林尼的命运，由于企图要做维苏威火山的实验而丧失了自己的生命。"普林尼是罗马博物学家，他博览群书，汇集前人对自然观察研究的记载，

→ 维苏威火山巨大的山口

写成《自然史》37卷，维苏威火山爆发时，趋往观察，为烟气窒息而死。培根的这个比喻太巧合了。1626年4月9日，培根终因支气管炎窒息而逝，终年65岁。培根与普林尼这两位伟大的科学史家，不仅在致死的原因上，而且在对自然史的强烈兴趣和执着追求方面，都有着许多相似之处。

培根临去世时还念念不忘科学发展事业。他在遗嘱中指明除把部分遗产留给他的管家和仆人外，规定了一个总数作为大学设置自然哲学和科学讲座的基金，以及25个名额的学生奖学金。不过培根去世时，他的负债总数已达22 371镑，而他的财产估定的价值仅为7 000镑，因此，大学实际并没有获得这笔捐赠。

　　培根一生对人似乎都很冷漠，他自己说："我对研究书本比研究人更感兴趣。"他的日常生活似乎没有什么私人情感，晚年的个人生活并不如意，培根一生没有子女，除了仕途上的坎坷之外，据说同妻子的关系不好。

　　培根于1606年45岁时和伦敦市参议员的女儿，女继承人爱丽丝·巴汉姆结婚。培根说她是一位漂亮的少女。但婚后20年内培根很少谈及她。据说培根上升时她并不满足，培根垮台后她不断抱怨，使培根很痛苦，因此，在遗嘱中把她的名字删掉了，没有给妻子留下她合法利益之外的任何东西。据传记作家奥布里写道，培根的妻子在培根死后与他的管家安德希爵士（一说是托马斯）结了婚。"她的超群的美色使他昏昏然。"

　　培根的遗体葬于圣阿尔本斯的圣迈凯尔教堂他母亲的墓旁。现在教堂中的弗兰西斯·培根纪念碑是他的一个秘书托马斯·米奥蒂斯建立的。碑上是培根坐着的雕像，雕像表现了培根凝神沉思时的逼真样子。碑文是亨利·窝登爵士用拉丁文撰写的。碑文写道：

　　　　"弗兰西斯·培根，维鲁兰男爵，
　　　　圣阿尔本斯子爵，

如用更显赫的头衔，

应称为'科学之光'，'法律之舌'，

常常这样坐着。

他，当他谙熟了自然哲学

和人类历史的一切神秘之后，

他本人完成了大自然的旨意，

让化合物都溶解。

时在我主1626年，

享年66岁。

托马斯·米奥蒂斯

是他生前爱他

死后敬他的人，

特立此纪念碑，

以纪念这位伟人。"

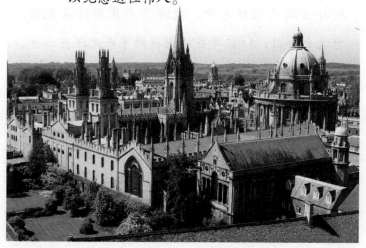

亨利七世

亨利七世（1457—1509），英格兰国王，1485年8月22日到1509年4月21日在位，都铎王朝的建立者。他是亨利六世同母异父弟里士满伯爵爱德华·都铎和兰开斯特公爵冈特的约翰的孙女玛格丽特之子。被视为兰开斯特派首领。曾流亡法国，1485年在法国援助下杀死理查三世，宣布继承英格兰王位。1486年同约克王朝爱德华四世之女约克的伊丽莎白结婚，宣布约克和兰开斯特两大家族合并，结束了玫瑰战争。采取联姻政策，亨利七世为长子亚瑟聘娶西班牙公主——阿拉贡的凯瑟琳，尔后长子亚瑟早逝，为继续保有与西班牙之间以联姻方式获得的友好关系，亨利七世说服凯瑟琳留下，并将其嫁给次子亨利；亨利七世的长女玛格丽特嫁给苏格兰国王詹姆士四世。亨利七世任内奖励工商业发展。有"贤王"之称。

普 林 尼

普林尼出生于意大利北部的新科莫姆城（今科莫）的一个中等奴隶主家庭，属骑士阶层。

少年时代，他到罗马求学。公元47年至57年，他在日耳曼行省（今德国境内）任骑兵军官。在这期间，他与后来的罗马皇帝提图斯交谊甚笃。普林尼在晚年的时候常常津津乐道地谈到他与提图斯的"共同的营帐生活"。

他曾亲自访问过日耳曼人中的乔克人居住的海岸，搜集日耳曼各部落的方言和历史资料。恩格斯在《论日耳曼人的古代历史》一文中曾经指出，普林尼是不仅从政治上、军事观点上，而且从理论观点上对日耳曼发生兴趣的第一个罗马人，他的报道具有特朗的价值。他对日耳曼方言所作的分类符合实际情况，普林尼从日耳曼返回罗马之后，从事律师工作，同时潜心读书和著述。

公元69年至79年在罗马皇帝韦斯帕西安努斯（《恺撒传》中又作韦巴芗）在位时，他历任要职，在西班牙、高卢、北非等地担任过财政督察官的职务，负责管理一个地区的财政收入。大抵从公元74年起，他担任以卡佩尼亚的米塞姆港为基地的海军舰队的司令，负责清剿海盗。

公元79年8月24日，附近的维苏威火山大爆发。普林尼为了了解火山爆发的情况，并且救援这一地区的灾民，乘船赶往火山活动地区，因火山喷出的含硫气体而中毒死亡。

维苏威火山

维苏威火山是意大利西南部的一座活火山，位于意大利南部那不勒斯湾东海岸，海拔1 281米。维苏威在公元79年的一次猛烈喷发，摧毁了当时拥有2万多人的庞贝城。其他几个有名的海滨城市如赫库兰尼姆、斯塔比亚等也遭到严重破坏。直到18世纪中叶，考古学家才将庞贝古城从数米厚的火山灰中发掘出来，古老建筑和姿态各异的尸体都保存完好，这一史实已为世人熟知，庞贝古城也成为意大利著名旅游胜地。

1944年维苏威火山再次喷发，从火山顶部的中心部位流出熔岩，喷出的火山砾和火山渣高出山顶约200至500米，火山爆发的奇妙景观使得正在山下激战的同盟国军队与纳粹士兵停止了战斗，成千上万的士兵跑去观看这一大自然的奇观。在过去的500年里，维苏威火山多次爆发，熔岩、火山灰、碎屑流、泥石流和致命气体夺去的生命不计其数。

科学复兴的宏伟计划

> 一个人如能在心中充满对人类的博爱，行为遵循崇高的道德律，永远围绕着真理的枢轴而转动，那么他虽在人间也就等于生活在天堂了。
>
> ——培　根

培根在遗嘱中曾自信地写道："我的灵魂将归还上帝，我的躯体将殁于黄土，我的名字将传之后世，并扬名海外。"他相信，他的理论著述，会给人们带来了新的思维方式和认识方法，凭着它，人们可以对自然拥有更多的支配权、统治权。

培根在追求仕宦的同时，从未忘怀他的改革人类知识的伟大志向，没有中断他的理论著述。培根的理论著述是在17世纪的前20年，也就是在他服官的同时进行的，正像他给詹姆士的信所说的：

← 培根

"陛下或者要控告我的盗窃之罪，因为我在给陛下服务时，已经偷取了一些时间来完成这个工作。"这个工作就是指改革人类知识、实现科学的"伟大复兴"。

早在培根青年时期，就有了这一宏大志向。他在给他的姨父博莱的求职信中说：

"……最后，我承认，我在默想着一个巨大的目的，犹如我有一些平常的公民的目的一样，因为我已经把一切知识当作我研究的领域，如果我能从这个领域里把两种游民清除出去（一种人以轻浮的争辩，互相驳斥和废话；另一种人以盲目的实验，用耳闻的传说和欺骗的手段，造成了很多的损害），我认为我能带来一些勤勉的观察、有根据的结论和有益处的发明与发现，这样，就是那个领域中最好的情况。这个希望，不管是好奇心也好，虚荣心也好，天性也好，或者（如果人们善意视之）仁慈也好，已经深刻印入我的心中不能忘怀了。"

培根从对亚里士多德的怀疑、不满，进而决心要把脱离实际、脱离自然的一切知识加以改革，而把经验观察、事实依据纳入人类的知识体系，作为获取知

识的方法。这是一个伟大抱负，是后来提出来的科学的"伟大复兴"的重要目标，是他为之奋斗一生的哲学志向。

← 亚里士多德头像

1603 年，培根满怀希望期待的宫廷高官仍然没有获得时，曾打算放弃服官生涯，而专门从事著述活动。他宣称："自己最适于研究真理。"他在《关于自然解释的序言》中说：

> "至于我本人，我发现适于我的莫过于研究真理，因为我的头脑其敏锐和多方面足以觉察事物的相似之处（这是主要之点），同时它又能很坚定，足以分辨出事物之间比较微妙的区别，因为我天生的有一个探索的愿望，怀疑的耐心，思考的爱好，慎于判断，勇于重新考虑，在安排和建立次序时也很小心；同时也因为我是既不爱好新事物，也不羡慕旧事物，并且憎恨一切欺骗行为。所以我想，我的天性是

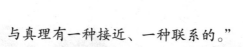

与真理有一种接近、一种联系的。"

至于他所以要在宫廷中谋求尊贵的职位，他解释说是为了能有更大的权力帮助他完成或改善自己的科学工作。培根从亚里士多德身上看到，在一个尊贵的位置上，能够支配较大的人力物力对科学工作起到应有的巨大作用。在培根看来，亚里士多德之所以能够有那么丰富的材料写作《动物学》，正是得益于他是亚历山大这个"万王之王"的老师的身份和地位。据普林尼记载，亚历山大派遣自己的猎人、渔夫以及自己的园艺家，天天替亚里士多德搜集他所需要的动植物标本，供亚里士多德研究之用。据说，有一次亚里士多德竟可自由支配1 000多人，往希腊本土及亚洲各地

→ 亚历山大大帝进军巴比伦　勒布伦画

← 柏拉图（左）与他的得意弟子亚里士多德　拉斐尔画

采集标本，并且在人类历史上第一次建设了一个大规模的动物园。

　　培根倡导"知识与权力合而为一"，除了受到柏拉图"哲学家执政"的理想图景的影响外，非常重要的一点是他从一开始就明白，科学的"伟大复兴"事业，

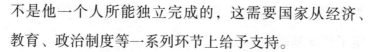

不是他一个人所能独立完成的，这需要国家从经济、教育、政治制度等一系列环节上给予支持。

当培根求官受挫时，他曾一度明白他走了一条弯路。他说："我的一生已经到了一个转折点，我的不良的健康提醒我不能再迟延了，同时我考虑到把我自己所能做的好事放下不做，而从事于没有别人的帮助和同意便不能做的一种工作，这在我实在不能说是在履行我所肩负的义务。"因此，他曾打算放弃谋求高官而帮助自己探求知识的曲折的途径，而专心用自己的笔头来实现自己改革人类知识的大志。

1603年培根写了《关于自然解释的序言》，讲述了科学技术以及具有方法论性质的理论的发明、发现的伟大意义。同年写作《时代勇敢的产儿》，并开始执笔《论学术的进步》等。

《时代勇敢的产儿》一书用拉丁文写作，体裁是以长者对学生讲话的形式，对旧哲学的批判则是以法庭审讯的形式撰写的。在这部书中，他以长者的身份对他的生徒说："我是真正来把你引向自然和它的一切产物，支配它，使它成为你的奴隶，并为你服务。"

《时代勇敢的产儿》是《伟大的复兴》的最初图稿，在培根的哲学著作中是相当重要的。

1604年，培根开始写《论事物的本性》和《论人

类知识》，虽未完稿，但为后来培根新自然史的建立奠定了哲学基础。

1605年，培根用英语写作的《论学术的进步》一书出版。这是培根关于知识论的著作，是培根的《伟大的复兴》的庞大计划的一部分。在这部著作里，培根批判了贬损知识的蒙昧主义，论证了知识的巨大功用和价值，为日后"知识就是力量"的著名口号的提出做了准备。书中培根还提出了新的科学分类原则，即依据记忆、想象、理性三种人类能力，相应地把科学划分为历史、诗歌、哲学，并依此对全部人类知识做了一个系统的划分，勾画了科学百科全书的提纲。

《论学术的进步》在欧洲学术史上占有重要的地位。它所阐发的科学分类描绘了人们未曾想过的科学百科知识的全图，它是近代科学分类的先导，在当时和后世都曾引起广泛的关注。特别是对18世纪百科全书派以巨大的激励和启迪。培根自己也非常重视这部著作，认为这是开启"伟大的复兴"之门的钥匙。

1607年，培根写作了《几种想法和几条结论》，1608年又写了《各家哲学的批判》。这两本书的内容就是后来培根《新工具》的内容，不过体裁形式不一样。《几种想法和几条结论》是以一问一答的论辩方式写就的；《各家哲学的批判》是以一个陌生人在巴黎一个学

《培根随笔》部分版本

《培根随笔》部分版本

术沙龙上对听众的讲演方式写成的；而《新工具》则采取箴言（语录）形式写作的。

培根在1607、1608年写的这两部著作，当时没有印行，成为遗著。除了得不到支持的原因外，此时的培根，对仕途又充满希望，他于1607年获得了当年伊丽莎白不曾给予他的副检察长之职，1608年又获得了等候了20年才有空缺的皇室法院的书记官的职位，因而，培根通过仕途高位来完成自己学术计划的思想又复燃了。

直到1621年，培根以大法官的高位，出版了《伟大的复兴》。这时，他旨在促进人对宇宙统治权的一系列崭新的思想和科学方法才面世。他的新思想，经过长久的酝酿，并尝试过以各种形式加以表述后，终于以他自己认为会获得最佳的接受效果的恰当文体和最佳时机公之于众。这时正是他在政治上最显赫的时候。培根的秘书、传记作家罗莱在他的著名的《培根传》中，记载了《伟大的复兴》的成书情况：

"我总是有这种想法，如果有一道知识之光由上帝那里落到现代任何人身上的话，那就必然是落在他身上的。因为他虽然是个博览群书的大读书家，可是他的知识不是来自书本

的，而是来自他本身的理性和见解的；不过，这些东西他是小心谨慎地吐露出来的。他的著作《伟大的复兴》，据他自己说，是他的著作中最重要的。这本书一点也不是他脑子里无价值的空想，而是一个固定了的、考虑成熟了的概念，是多年的辛勤的产物。"

据罗莱说，《伟大的复兴》有12个不同的稿本，都是年复一年修改过的。罗莱赞叹地比喻说："培根对待《伟大的复兴》就像许多动物舐自己的幼崽似的，一直等到它们肢体发育健壮。"

然而，《伟大的复兴》并不是完成之作。培根的著作多数是在议会、法院工作之余以及无休止的王室事务之争中写成的，多数都不完整。从《伟大的复兴》披露的"工

← 培根

作计划"得知，如果它要全部完成的话，将是一部庞大的著作。它包括6个部分：

一、科学的分类。就是沿着现有的艺术和科学的海岸来一次巡视。不仅对已有的知识作一个概括和叙述，还要叙述本来应有的而尚待开发的学科。1605年出版的《论学术的进步》，就是承担这一使命。

二、新工具。《新工具》一书是培根《伟大的复兴》的第二部分，也是真正完成的部分。这本书进一步论述了"解释自然的真正方向"，即为获得的自然界的真正知识建立一种方法。

三、宇宙的现象。或者叫作自然的历史，也叫"科学与技术的百科全书"。在这部分培根试图用归纳方法，对各个方面的资料进行有条理的收集整理。在他关于风、生命、死亡、浓、淡的历史研究中，他的设想取得了一些进展。这个部分虽然没有写成，但在"工作计划"里，他对自然史的目的、要求、内容、组织都曾做了精到的阐述。

四、智慧的阶梯。是把《新工具》提出的方法扩大地、详尽地运用到一些具有典型意义的事例上，从而考察人在发明时的思维过程。但这部分只是个设想。

五、新哲学的先驱。这一部分是研究得出的结论，这些结论不是靠他的新方法获得的，而是在他的"新哲学"完成之前，把他在走向"新哲学"的过程中新发现的东西，提出来供暂借之用。这部分在他的"工作计划"里未能展开论说。

六、新哲学或叫作实用科学。这一部分是他"伟大的复兴"的核心部分，其他部分都是为它做准备的。这一部分，培根并未期望由他自己完成，而是寄期望于后来的科学研究者。这一部分所要表述的，就是通过他称之为"一套合理的、纯洁的、严肃的调查研究方法所产生的哲学"。

这就是培根计划的《伟大的复兴》的全貌。但真正成形的是第二部分《新工具》，为此，《新工具》也就成了印行的《伟大的复兴》的主体。后人习惯于把《新工具》独立印行。

《伟大的复兴》对欧洲的学术界产生过深远的影响。18世纪法国百科全书派的唯物主义哲学家把培根尊崇为新哲学家的首脑，狄德罗把《百科全书》的巨大荣誉献给培根。

康德称誉培根为"近代最伟大的哲学家之一"，他把培根《伟大的复兴》序言中的一大段话，放在他的《纯粹理性批判》一书第二版的扉页上，作为照亮读者走出知识迷宫的指路明灯：

→狄德罗

　　"我对于自己没有什么需要表白的，但是，对于我目前所从事的事业我请求人们相信，它不是要人们去信奉什么观点，而是要人们去进行的工作。此外，人们必须知道，我的努力并不是在为任何教派奠基，而是在为人类的共同利益和权力播种。其次，我希望人们有所克制

地对待一已之私利……去谋求共同的利益……
为了美好的未来，人们应该参与我的未竟事
业，千万不可把我的伟大的复兴计划视为人类
的能力所不能实现的渺茫的幻想。人们必须相
信，这种工作就是现实的目的，它可以消除无
休止的错误……"

　　培根毕生力图在一个变革的时代确立一种新的科
学的思维方式，这种思维方式，促进了近代科学的迅
猛发展。即使是在今天，培根所倡导的思想和精神，
仍然具有永恒的价值。

相关链接
XIANGGUAN LIANJIE

亚历山大大帝

亚历山大大帝（公元前356—公元前323年），古代马其顿国王，亚历山大帝国皇帝。曾师从古希腊著名学者亚里士多德，18岁随父出征，20岁继承王位。世界古代史上著名的军事家和政治家。他足智多谋，在担任马其顿国王的短短13年中，以其雄才大略。东征西讨，先是确立了在全希腊的统治地位，后又灭亡了波斯帝国。在横跨欧、亚的辽阔土地上，建立起了一个西起希腊、马其顿，东到印度河流域，南临尼罗河第一瀑布，北至药杀水的以巴比伦为首都的庞大帝国。创下了前无古人的辉煌业绩，促进了东西方文化的交流和经济的发展，对人类社会的进展产生了重大的影响。

相关链接
XIANGGUAN LIANJIE

狄 德 罗

狄德罗（1713—1784），18世纪法国唯物主义哲学家、美学家、文学家、启蒙思想家、唯物主义哲学家和教育理论家。

狄德罗生于朗格里。1732年获得巴黎大学文科硕士学位。他精通意、英等几国文字，以译述沙夫茨伯里的《德性研究》而著称。狄德罗在主编《百科全书》的25年中，深受弗朗西斯·培根、霍布斯和洛克等人思想的影响，尤其是培根关于编辑百科全书的思想，促使他坚定地献身于《百科全书》的事业。狄德罗除主编《百科全书》外，还撰写了大量著作，在他的《哲学思想录》《对自然的解释》、《怀疑者漫步》《驳斥爱尔维修〈论人〉的著作》等著作中，表述了他的唯物主义哲学思想；在他的《美之根源及性质的哲学的研究》《论戏剧艺术》《谈演员》《绘画论》《天才》等著作中，表述了他的"美在关系"的美学思想。他是大资产阶级代表人物。

"知识就是力量"的呐喊

通向人类权力和通向人类知识的两条
路途是紧相邻接的，并且几乎合而为一。

——培 根

人类统治万物的权力是深藏在知识和
技术之中的。

——培 根

培根是以一位伟大的思想家而流芳千古的。如果
说达·芬奇的名字是文艺复兴时代的象征，那么培根
的名字就是近代新兴科学与技术的象征。所以马克思
称他为"近代实验科学的真正始祖"。

他宣称以人类知识为研究对象，对知识进行了广
泛研究，调查了知识的过去与现状，研究了知识的结
构、分类、探索了知识的发展规律，寻求知识的最佳
管理方法等等。他所研究的对象正是20世纪的新兴科
学——科学学的研究课题。培根是科学学的先驱，同
时也是近代逻辑学、实验心理学的奠基人之一。

培根对知识的价值和功能，曾经作了很深邃的思
考和详尽细致的论述。当代科学学的奠基人之一的贝

← 培根

尔纳认为，培根是最早以现代方式对现实主义的科学观加以充分阐述的人。"知识就是力量"，是培根对知识的价值与功能提出的最概括、最切要的箴言。这一名言成为激励人们征服自然，探求自然的奥秘，以强大的科技力量改善人类生存环境的永恒信条。

　　在培根的时代，由于中世纪上千年封建教会精神

→女王伊丽莎白一世

统治的直接后果，使西方的科学受到严重的压抑和摧残。虽然经过宗教改革、文艺复兴以后，鄙薄知识、贬损知识、摧毁科学文化的蒙昧主义受到一定的批判，但真正从思想上结束这个贬损知识的黑暗愚昧的时代，还需要一个缓慢的过程。

培根最早谈及知识的价值与功能是在一次为娱悦伊丽莎白女王的假面戏剧的演词中。此后，他在《论说文集》的《论真理》《论读书》以及《新工具》中都曾反复谈及，在《新大西岛》中，用幻想的形式，描写了他的理想社会里科学技术的强大力量。尤其是在两卷集的《论学术的进步》中，差不多用整个第一卷的篇幅集中地阐述了知识不是一种纯思辨，而是一种力量的最重要、最核心、并引起科学观上革命性变化的思想。

在《自然解释的序言》这篇文章里，培根讴歌了科学的发明创造。他认为发明者的成就与城市的创造者、国家的立法者、消灭了暴君的"人民之父"以及这一类的英雄人物的功业相比，虽然不如这些人物的堂皇，但却是比这些人"垂诸永久"。培根认为能创造出新的技术、新的发明的人是给予人类一切利益中之最伟大者。培根说：

"如果一个人能做到的不是做出某种特殊的发明，不管它是如何有用，而是在自然界燃起一线光明，这一道光将在它上升的过程中触及并且照亮一切围绕着我们现有的知识的边缘地区，然后在这样一点一点向前扩展的过程中，不久就可以把世界上最隐秘的东西揭露出来，使人们能看得见，我想那个人才真正是人类的恩人——是人类对宇宙统治权的建立者，捍卫自由的战士，克服困难的英雄。"

培根提出的新哲学、新方法，显然就是要担负这样的使命。

培根一直深信，人类统治宇宙的权力深藏在知识之中。通过认识自然而获得的知识是驾驭自然的巨大力量。培根认为如果人们掌握了规律，我们就可以在思想上得到真理，而在行动上得到自由。

在《新工具》里，培根指出，知识是社会变革的力量，知识通过发明创造、技术革新，间接地、不自觉地对社会的发展起着推动作用。

我们今天提到的所谓"第三次浪潮"，就是说农业的发明带来了人类社会的第一次技术和文化革命。而科学、技术与工业的结合，带来了人类历史的第二次革命。20世纪末，由于信息技术与现代工业的结合，正在把人类推向社会与文化的第三次伟大革命。可是，恐怕很少有人知道，早在17世纪上半叶，培根就对人类发展作出了与此相似的一种极具远见的历史概括。

培根在《新工具》里指出："农业的发明是人类的第一次革命；而依靠把科学应用于工业，正导致人类文明的第二次革命。"

在《新工具》里，培根把知识看作人类文明的基本要素和社会发展的基本标志。培根所关注的是如何让知识在实践中产生效果，把科学的理论与工业相结合，转化为改进人类物质生活的实用技术。这种想法，标志着中世纪脱离实际的抽象理论向注重应用技术的近代科学的根本转变，所以培根在工业革命的前夜时代成为思想潮流的先驱。他说：

← 《培根作品选》中英对照版

"千百年来的一切学问，是否曾作出一个小小的发明而使我们

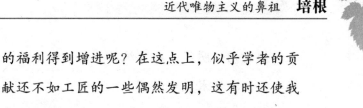

的福利得到增进呢？在这点上，似乎学者的贡献还不如工匠的一些偶然发明，这有时还使我们得到新的知识。而迄今为止，学者之间的一切争论却从未揭示一个前人不知的自然现象。

目前为人们所熟悉的自然哲学，不是来自希腊人的，就是来自炼金术士的。希腊人的思想富于夸饰，热衷争论并且充满宗派。而炼金术士的理论却不过是一些骗局和迷信。前者旨在增进词汇，后者旨在骗取黄金。

我们现在已不需这些学术上的流民。我们应当促进人类智慧与事物本性的结合。由这种结合中将产生什么样的美好后果，是妙不可言的。我们知道，印刷术是一件粗浅的发明，火药枪炮是一种并不复杂的兵器，指南针是人所熟知的器具。但正是这三件发明，在我们的时代给世界带来了非同寻常的变化。一个在学术上，另一个在军事上，第三个是在贸易、商业和航海上。由此又引起了无数的变革。这种变革如此之大，以致没有一个宗教教派，没有一个赫赫有名的人物，能比这三种发明对人类的事业产生更持久的力量和影响。而这些发明与其说来自人类的智慧，不如说是得自偶然的机

会。但它们证明了，人类统治万物的权力是深藏在知识和技术之中的。"

　　培根虽然不知道三大发明来自古代的中国，但他首次揭示三大发明的伟大意义。后来黑格尔、马克思都接受了培根这个历史判断。

　　培根并不是把一切知识都当作认识自然、征服自然的力量。而是要对人类的知识加以改造。他对当时欧洲脱离实际的经院哲学进行了无情的揭露和批判，他说，古代的学术，不过是人类知识的童年，只是富于空谈，但不能够生产，而不能带来实际的效益。而当时的欧洲学术就像希腊神话里的女神喜拉（Seylla）一样，有个少女的头脸，但是她的子宫却四面挂着她无法摆脱的狂吠的妖怪。这些知识不仅不能繁

←黑格尔

培根作品《培根人生智慧书》

千年经典智慧书·外国卷

The Great Books of World Sophies

培根人生智慧书

〔英〕佛朗西斯·培根 著

何宗思 丁文华 闫秀荣 译

殖，不能给人类带来利益，而且只不过是一些妖气的争辩和空响而已。

培根对迷信、伪科学也给以无情的揭露。他说：

"有三种科学假以理性和科学之名，其实是靠想象和机智蛊惑人心。这三种假科学即是占星术、自然幻术和炼金术。"他承认，有些假科学的目的可能是高尚的，是企图控制自然，使之为人类服务，但是，它们的方法和途径都是错误的。培根巧妙地把炼金术比作伊索寓言中农夫的儿子，那农夫告诉儿子们，葡萄园里有黄金，农夫的儿子们争先恐后地挖遍了这个园子，虽然没有找到黄金，但是却肥了土壤，使得第二年的葡萄获得了丰收。术士们对炼金术的钻研，虽然没有炼出金子，但是却带来了大量有价值的发明和实验。

培根认为，知识是人自我完善的手段。知识在人性中具有无上权威，正是知识指挥着人的理性、信仰和理解；正是科学知识使人充分意识到自己的脆弱，自己的变幻无常，自己灵魂的尊严，以及自己的使命和责任；正是知识使人免除了心理的粗野凶蛮，免除了人们心

←《培根论说文集》

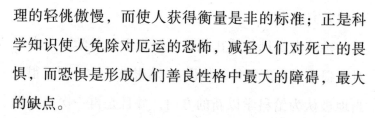

理的轻佻傲慢，而使人获得衡量是非的标准；正是科学知识使人免除对厄运的恐怖，减轻人们对死亡的畏惧，而恐惧是形成人们善良性格中最大的障碍，最大的缺点。

培根还在《论说文集》的《论读书》中说："读史使人明智，读诗使人聪慧，演算使人精密，哲理使人深刻，伦理学使人高尚，逻辑修辞使人善辩。总之，'知识能塑造人的性格'。"这句格言在多少代青年人当中传诵，成为激励青年们追求知识，塑造完美人格的动力。

培根对"知识就是力量"的信念，一直抱着乐观的态度，坚信科学具有普遍造福人类的功能，科学能够不断为人类征服自然提供新方法、新工具和新的途径，能够增加人类的幸福，减轻人类的痛苦，改善人类的生存空间。

近现代社会发展的现实是对培根这种科学观的有力证实，正是热力学的发展，人类才进入蒸汽机时代。而由于电磁理论的建立，导致了发电机、电动机等的产生，人类又进入了电气化时代。由于电子学、微电子技术的迅速发展，使人们正在向信息时代迈进。当今世界能源、材料、信息成为现代社会发展的三大产业支柱，正日益改变着人们的生活，愈来愈显示出知识的无穷威力。

科学史家贝尔纳在他的《历史中的科学》一书中对培根做了高度评价，他说："培根被认为，而且很正当地被认为给科学以新的方向，并且是再一次确定把科学连续到物质工业进步上的第一伟人。"

培根的思想，无疑为原来资产阶级所造成的，仿佛是用魔术从地底下呼唤出来的巨大生产力，提供了思想前提。甚至在400年后的今天，重提"知识就是力量"的口号，对走向市场经济、建设现代化的中国，也有其现实的意义。

科 学 学

　　科学学（Science of Science）是以科学本身为研究对象的学科，研究目的在于认识科学的性质特点、关系结构、运动规律和社会功能，并在认识的基础上研究促进科学发展的一般原理、原则和方法。在中国的学科建制中，是科学技术哲学的一个重要组成部分。

　　科学学的研究对象和研究目的规定了科学学主体内容的两大方面：一方面是关于科学技术事业的认识内容，另一方面是如何利用这些知识的

应用内容。

认识内容包括科学技术的性质、特点、分类、体系结构、社会功能、发展规律、未来趋势等等。它们是对客观对象认识的概括和总结，具有系统理论的形态，构成了科学学的基础理论，因之这一大部分可以称之为理论科学学。

应用内容包括在基础理论指导下所得出的制订科技发展战略、规划、政策以及对科学技术事业进行组织管理的原理、原则和方法等等，它们是对规律和理论的利用，因之这一大部分可以称之为应用科学学。运用这两大方面所提供的理论基础和应用原理，可以进一步进行开发性课题研究和指导解决科技事业中的种种具体问题。

黑 格 尔

黑格尔，德国哲学家，1770年出生于德国西南部符腾堡州首府斯图加特。

1788年进入杜宾根神学院学习，在那里，他与荷尔德林、谢林成为朋友，同时，为斯宾诺莎、康德、卢梭等人的著作和法国大革命深深吸引。1793年毕业后，先后在伯尔尼和法兰克福当了7年的家庭教师。

1800年到耶拿，与谢林共同创办《哲学评论》杂志；次年成为耶拿大学编外讲师，4年之后成为

副教授；1807年出版他的第一部著作《精神现象学》；1808年至1816年，他在纽伦堡当了8年的中学校长，在此期间完成了《逻辑学》（简称大逻辑）；1816年，他被聘为海德堡大学教授；1817年，出版《哲学全书》（其中的逻辑学部分简称小逻辑），完成了他的哲学体系；1818年开始担任柏林大学教授；1821年出版《法哲学原理》；1829年，黑格尔被任命为柏林大学校长和政府代表；1831年死于霍乱。

他在柏林大学的讲稿，在过世后被整理为《哲学史讲演录》《美学讲演录》和《宗教哲学讲演录》。

流芳百世的作家

> 他（指培根——编者注）的著作虽然充满着最美妙、最聪明的言论，但是要理解其中的智慧，通常只需要付出很少的理性努力。因此他的话常常被人拿来当作格言。
>
> ——黑格尔

培根的著作是多方面的，除了哲学著作外，还有史学、法学、科学等方面的著述。但在他的所有著作中，广为人知、大受欢迎的是他的文笔优美的散文集《论说文集》（又译《人生论》），还有富含哲理的寓言故事集《古人的智慧》和表达他理想未来的乌托邦作品《新大西岛》。

《论说文集》是培根的第一本著作，于

→培根作品《论古人的智慧》

1597年第一版印行。最初只有论文10篇。这虽是一本小书，但却讨论了广泛的人生问题，提炼概括了深刻的人生哲理。培根在世时就以优美的文笔、简洁的语句、洗练精妙的格言而风靡一时。因而不断增订，多次再版。随着培根人生经验的变化，各版都有增删修改，1612年再版时，论文已增加为38篇。在他去世前的头一年（1625年）最后一版印行增至58篇。

《论说文集》是一本划时代的名著，历史上很多人的性格都受到这本书的熏陶。假如培根没有留下别的著作，仅此文集，他也会受到人们的崇敬。有的评论家把蒙田（法国著名的人文主义文学家）的《随笔》、培根的《论说文集》和帕斯卡（法国科学家、文学家、哲学家）的《沉思录》，称作欧洲近代哲理散文的三大代表作。

蒙田

帕斯卡

→雪莱

这本文集体现了培根的阅历、想象、机敏和智慧，其中的许多精妙论说，迄今仍常被人们当作格言和座右铭引用。这本文集历经400年而不衰，被译成多种文字出版。1985年还被美国公众评选为最喜爱的十本著作之一。

在我国的中译本之一《人生论》曾在20世纪80年代发行几十万册，至今仍在大、中学生及广大读者中流传。

诗人雪莱曾这样赞扬培根的这部散文集：

　　"他的文字有一种优美而庄严的韵律，
　　给感情以动人的美感；
　　他的论述中有超人的智慧和哲学，
　　给理智以深刻的启迪。"

黑格尔对培根的人品虽然评价不高，但对培根的思想却有颇高的评价。黑格尔在《哲学史讲演录》的

"关于培根"中说：

> "有很多有教养的人，对人们所关注的种
> 种对象，如国事、人情、心灵、外界自然等
> 等，曾根据经验，根据一种有教养的阅历，发
> 表过言论，进行过思考。培根也就是这样一个
> 有教养的阅世甚深的人。他见过大世面，处理
> 过国务，亲手对付现实问题，观察过各种人
> 物、各种环境、各种关系，曾经影响过那些有
> 教养的、深思的、甚至研究哲学的人。"

用黑格尔的话来评价培根的《论说文集》是非常
中肯和恰当的。

《古人的智慧》是培根出版的第三部著作，是他在
1609 年任副检察长时，题献给剑桥大学和当时任剑桥
校长的他的表兄弟罗伯特·塞西尔的。培根在献词中
说，书中的 31 个寓言每一个都是一个宝库，其中珍藏
着宝贵的科学财富，他希望学者们从他的劳动中领受
并添加一些东西。

培根的《古人的智慧》受到了 14 世纪意大利文艺
复兴的先驱薄伽丘《神的家谱》的影响。薄伽丘力图
揭示神话的现实基础，把神的世界还给人，认为人是

《培根论人生》部分版本

《培根论人生》部分版本

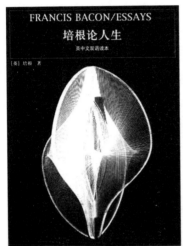

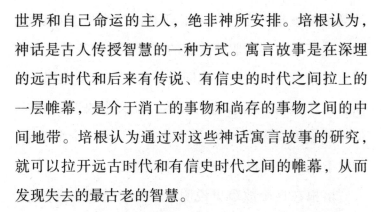

世界和自己命运的主人，绝非神所安排。培根认为，神话是古人传授智慧的一种方式。寓言故事是在深埋的远古时代和后来有传说、有信史的时代之间拉上的一层帷幕，是介于消亡的事物和尚存的事物之间的中间地带。培根认为通过对这些神话寓言故事的研究，就可以拉开远古时代和有信史时代之间的帷幕，从而发现失去的最古老的智慧。

在《古人的智慧》中，培根选择了31个神话寓言故事，以他自己丰富的想象、机敏的才思、深邃的哲理，从中体现自己的思想见解，对古代贤人的神话作出了巧妙的说明，使得这些古代神话中的人比实际上更明智。

培根借助神话故事，主要表达的是他自己的哲学思想。如《爱神与原子》《牧羊神与自然》《海神或物质》等等。在《亚特兰特与布波曼尼斯或利益》一文中，培根讲述了这样一个包含着技艺与自然竞赛的深刻寓意的故事：亚特兰特与希波曼尼斯比赛跑步，如果希波曼尼斯赢了则可以娶亚特兰特为妻，输了则要丧失性命。竞赛双方的力量是相差悬殊的，亚特兰特跑得飞快，她已击败并毁灭了许多人。因此，希波曼尼斯只好求助于计策，他把得到的3个金苹果带在身上。赛跑开始时，亚特兰特很快就跑到前面，然后希

波曼尼斯就把一个金苹果滚到亚特兰特跑道的前面，结果金苹果的美丽驱使着她的好奇心，使亚特兰特离开跑道俯身拾取，而在这同时，希波曼尼斯跑到了前面，由于亚特兰特善跑的天性，她又很快追了上来，但希波曼斯又及时地滚出了第二个、第三个金苹果，他终于赢得了胜利，娶亚特兰特为妻。

培根在这个故事里说明，亚特兰特代表着技艺，但技艺这种人的特权和非凡的效力却被某些"金苹果"所障碍，从而对人类生活带来无限的损害，人成为自然的俘虏。科学技术发展的今天，培根的思想也没有失去它的光辉。只注重眼前利益的近视行为的科学技术，只会给人类未来的生活带来灾难，这是非常有远见的。

《新大西岛》是培根1624年写作的，是个未完成稿。培根去世后的第二年（1627年）由他的秘书罗莱出版。

这是一本在资本主义早期有着特殊地位的乌托邦作品，培根把他毕生所思索的，关于科学技术在社会发展中的巨大作用，以及怎样运用社会各种力量促进技术发展的思想信念，都集中倾注在一个科学主宰一切的理想社会图景里。

在16世纪至17世纪，由于地理大发现的影响，人

→莫尔

们颇为流行以幻想的形式，借助航海家偶然发现的一个未知的、完美的国家，来表达人们所向往的社会制度。1516年发表的英国人文主义思想家莫尔的《乌托邦》，当时就有手抄本流行，并于1623年出版的意大利的杰出思想家康帕内拉的《太阳城》，都属于这类作品。培根也借助于这种形式，描绘了他的理想社会的蓝图。

《新大西岛》的故事是以一位船员叙述的形式写成的，开始他们的船在大西洋南部迷航，食物吃光了，许多船员生了病，后来他们漂到了一个名叫本色列的不为人知的岛屿，岛上的居民十分谨慎地实行各种检疫措施后允许他们登陆，他们发现这个岛上的居民非常纯洁高尚，不接受小费，过着非常幸福的生活。

本色列国实行的是君主制度，国王以人道主义精神治理国家，社会制度仍是有贫富之分、有财产的阶

级社会。本色列国领导的中心机构叫作"所罗门宫"或"六日工作学院"。这个机构是在很久以前由一位圣王所建。这位圣王想利用这个岛远离尘世的位置，隔绝世俗的污染，建立一个世外桃源。所罗门宫是一个类似现代的科学院的科学研究机构，但却拥有巨大的权力，并且成为掌握着国家经济命脉的从事生产资料、消费资料生产的组织。

所罗门宫有许多巨大的动植物园。在植物园里种着各种各样的花草树木，做土壤改良和嫁接试验，使植物生长不需种子，一种植物可以变成另外种植物。动物园里养育着珍禽异兽，除了做医学解剖和试验外，还用于新品种的培育和繁殖。"用各种技术使它们长得异常高大，或者相反地使它们特别矮小或者停止生长"，或者"使它们有特别强的繁殖力，或相反使它们失去繁殖能力，不能繁殖生育"。此外，也有办法使不同种类的鸟繁殖杂交，生出新种。

他们还有人工养殖场、水族馆、海水淡化厂；还有光学试验馆、可以制造望远镜、显微镜；还有音乐馆，可制造类似现代的扬声器、助听器、电话等；他们还有各种高塔，类似现在的气象预报站，还可进行人工降水研究；他们还可以利用太阳能、地热、水力，把它们变成可做多种操作之用的各种不同的热动力；

→培根

他们还有各种各样的机械装置，机器人、机器兽、机器鸟、飞行器以及潜水艇；等等。这些在我们今天看来并不新奇，可是，培根所描绘的东西是他死后几百年才真正出现的。

新大西岛与外界只从事知识的交换，就像工业间谍一样，从外界输入知识，却不需要付酬金。其中有12个人专门到国外收集世界各地最新的技术和发明，把新的书籍、资料带回国。

所罗门宫为科学研究提供的设置十分完善，它有很大的权力，可以重奖发明者，并对发明进行鉴定，把有用的发明用于生产，造福民众，对科学技术研究进行有机管理、分工协作。

所罗门宫在本色列国里，被认为是"国家的眼睛""国家的指路明灯""世界上一个最崇高的组织"，具有很高的特殊地位。据说，后来英国皇家学会的创立就受到培根的影响。

本色列国的另一个特征是道德高洁。本色列人把道德看得很高，认为自尊自重是一个人克服恶的首要条件，而本色列社会正是一个自尊自重的社会。他们反对包办婚姻，反对以婚姻来换取各种利益，他们倡导夫妇忠诚的结合。

本色列的官吏都很廉洁，不接受自身薪金以外的金钱的馈赠。本色列人很富有人道精神，宽厚仁慈。他们的社会道德水平远在欧洲之上。

培根通过《新大西岛》告诫人们：科学有着无比巨大的威力，它在征服自然，扩展人类的权力，改善人们的物质生活条件方面都有着巨大的潜力。

培根的理想是把科学运用到生产实践上，应用到改造社会的技术基础上，科学应该需要有机的组织和管理，应该赋予掌握科学的人以巨大的权力和尊严。培根作为近代实验科学的始祖，他的思想对后世的影响是巨大和深远的。

← 培根作品《善待人生》

相关链接
XIANGGUAN LIANJIE

蒙 田

蒙田，是法国文艺复兴后期、16世纪人文主义思想家。在16世纪的作家中，很少有人像蒙田那样受到现代人的崇敬和接受。他是启蒙运动以前法国的一位知识权威和批评家，是一位人类感情的冷峻的观察家，亦是对各民族文化，特别是西方文化进行冷静研究的学者。从他的思想和感情来看，人们似乎可以把他看成是在他那个时代出现的一位现代人。他的散文主要是哲学随笔，因其丰富的思想内涵而闻名于世，被誉为"思想的宝库"。主要作品有《蒙田随笔全集》。

《蒙田随笔全集》共107章，百万字左右。其中最著名的一篇为《为雷蒙·塞蓬德辩护》，充分表达了他的怀疑论的哲学思想。

在蒙田当年的法国，由于长达30年的宗教战争，使

法国人民长期处于苦难之中，法国人对暴力感到了厌倦，对洋溢在《蒙田随笔文集》中的智慧大加赞赏，《蒙田随笔文集》因此成为许多法国"正直人的枕边书"，滋润过许多法国人的心田。

蒙田以博学著称，在全集中，日常生活、传统习俗、人生哲理等等无所不谈，特别是旁征博引了许多古希腊罗马作家的论述。书中，作者还对自己做了大量的描写与剖析，使人读来有娓娓而谈的亲切之感，增加了作品的文学趣味。它是16世纪各种思潮和各种知识经过分析的总汇，有"生活的哲学"之美称。书中语言平易通畅，不假雕饰，在法国散文史上占有重要地位，开创了随笔式作品之先河。

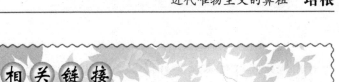

《培根论说文集》节选

◆ 说拖延

幸运这事有如市场行情，那情形往往是，如果你肯在那里多逗留上一晌，说不定价钱便会跌落下来。不过，幸运也有时候会像塞比拉的要价，起初时内容数量俱全，但接着便一次次地减少下来，但价钱还是那原来的，一分不降。机会之到来（正如一本俗谚集中所说），总是先把她的前额头发给你去抓，你如没有抓住，再次来时便可能是秃头一个，愈发不好抓了；至少那情形会是，头一次给你去抓的是一个瓶颈，比较好抓，下一回便成了瓶身，抓不住了。所以聪明不聪明不在别的，就在你能不能抓得准一件事物即将发生时的那些苗头。危险也是这样，过去一度不大的，后来便未必总是不大；另外常常不一定是危险真的是多到逼得人非如何如何不可，而往往是受了它们的欺骗。不仅如此，对于危险的态度，宁可是以逸待劳，从容处之（当其尚未迫在眉睫），也比对其到来过度紧张，长时期地死死盯住不放要好得多。原因是，过长的注视易致疲劳，紧急关头，反会打起盹来。另一方面，如因受到影子过长的迷惑（这种情形每每发生于月亮尚未当空之时，这时月光如照在敌人身上，其影必长），不等敌军来到，便先自发射起来；或者因出击之时机开始得过早，以致目标暴露，招来祸患，凡此种种，则又是走入另一极端。职是之故，时机之成熟与否，这点前文已经及之，乃是行事之前必须深思熟虑的事，而一般而言，一件重大行动开始之际最好交由百眼大仙阿尔古斯去委决。而其结束时期则托给百手大仙贝利阿里乌斯去处置；换言之，亦即首先进行密切观察，其次付诸迅速执行。因为所谓普鲁托之神盔（按此盔每能使为政者戴而隐形）即在能于议事之际善于保密，执行之时出于迅捷。因一旦事务付诸施行，这时保密之唯一要招即在行动神速；这正犹如空中之飞弹，其速度之迅疾往往为人眼所万不能及。

◆ 说自谋

蚂蚁谋求私利非常聪明，但在园圃之中却是一害。同样世上的一些利己者总不免要损害公众。是

故公私之际不可以不辨；凡事必先求其无愧于己，然后可以忠实于人，尤其是自己的君王国家。因而个人自己遂成为人类行为的不利中心。其情形恰与地球相同。因地球即牢固以其自身为中心；而世上万物则与天上的日月星辰相似，一切悉按这一中心而动，并使之有所裨益。言事而必及自己，这在君王身上尚属情有可原，因为君王往往并非其单纯自身，其吉凶休咎实亦公众祸福安危之所系。

但这事若在人臣或公民的身上，则构成一严重的恶行。因凡事但经其手，便不免要玩法作弊，遂其私利，其结果必与其人主或国家的利益背道而驰。是故为国者决不能登用患有此劣迹的人，除非此种使用仅为从属性质，尚不足以使之擅权。其在严重者势将一切体统分寸尽失。使人臣之利益而先于其主上之利益，已属本末倒置，至于置人臣一己之微利于人主重大利益之上，则更形同僭越；然而一切不佳之官员、会计、使节、将领乃至其他种种贪官污吏，其情形却正复如此，彼等每每从其一己之图谋或私怨出发，故意将事情弄坏，犹如做滚球戏时，阴置铅于其中，使球行偏，致陷其人主之伟业于失败。而多数情形，这类人臣所沽得之利益恒与其自身之佳运成比例，而其所售出之奸恶也恒与其主上之败运成比例。遇有极端利己的人，往往无所不为，可以仅仅为了自己煎炙鸡蛋之类的细事而不惜将别人的房屋放火点燃。然而偏偏这类人却每每能获得其主上的信任，因为他们的全部心计便用在取媚与图利二事上面，而只要于其中一端有利，由他们经手的公众利益尽可抛弃不顾。

因此自谋私利之聪明，从不止一个方面来讲，都不能不是一种劣迹败行。这种聪明乃是鼠类的聪明，鼠类于房屋将倾之前便要离去。这种聪明乃是狐狸的聪明，狐狸要把獾从獾自己挖掘的穴中赶走，然后獾穴狐居。这种聪明乃是鳄鱼的聪明，鳄鱼在张口吞噬之前，必先洒泪。但这里特别值得一提的却是，西塞罗（西此处系指庞培而言）所说的那种 sui amantes，sine rivali[自私自利无比的人]，却也往往难免惨遭厄运。正唯他们平日把一切都充做牺牲以供奉其一己之私利，故最后他们自身也不免做了无常之命运的牺牲，而命运之翼，出其意料，竟未被他们剪掉。

◆说变革

正如刚落地的幼崽常常模样不俊，一切新生的事物也都是如此，它们乃是一时之产物。不过，也正如那些第一次为其家族携来荣誉的人于德于才通常总有其后代人所难以比拟的长处，一些首创的事物（只需它们是好的），也往往非其日后的模仿所能企及。其原因为，也许由于人性中某些不佳的因素使然，恶在人的身上每每会不待推动而自行，而且会愈到后来愈是如此；但善则不同，必经人力之勉强，才能出现，而且只是在一起初时才最强烈。显然每一种新药的出现都是一种改革，而一个拒不肯服用新的药剂的人只会遭逢新的不幸。其实时光才是最伟大的改革家：如若说，仅仅时日一长，一切事物都不免会趋向腐化衰败，而人的一番聪明劝说又不足以匡而正之，使之变好，那么结局又将会如何呢？一条不易的道理是，一切由过去习惯形成的东西，虽说未必事事都佳，但至少曾一度合乎时宜；再者，那些得以流传至今的事物早已与其周围之种种混同一体，极为自然，而新的事物则未必能与那原来的环境那么契合协调；虽然其功效用途于人不无裨益，但其不合旧制处却只会给人带来滋扰。不仅如此，这些新生事物仿佛一群外来之客，人们见后惊异之威容或有之，得人欢心则不易言。当然如果时光永远这么长驻不动，一切倒也都会太平无事，无如时光总是要不停顿地循着不同的方向向前运行下去，这时如果死抓住旧的习俗不放也必陷入麻烦，其纷扰之甚将不亚于革新之引入；再有，凡对旧习之崇尚过深者难免不成为其时代之笑柄。职是之故，创导革新之人莫贵乎以时间为榜样，虽其变革本身至为巨大，但其引入之方式步骤则以平缓、以渐进为宜，仿佛这一切均发生于不知不觉之中。否则，既为新创，必将不受欢迎。再有，既为变革，则必然受益者有之，受损者亦有之，但受益者视之为偶然之幸运，自将庆幸其恰逢其时；而受损者则认为遭到不公，只会抱怨兴此变革之人。再有改革之举不宜轻易试用于国家自身，除非事出非常，不得不尔，或者其效益过于明显，因而势在必行。此外不得在此事上造成误会，即变化之出现乃源于革新之需要，而并非是为求变化而兴此革新。最后一点，对一切新奇之物，虽不必过多排斥，但亦不可不对之慎加审察；一切应按经文中之所言，你们当站在

路上察看，访问古道，哪是善道，便行在其间。

◆ **说开销**

　　财富是为了消费，而消费是为了荣誉和善举。因而不同寻常的特大开支必须视需此费用的情况之具体价值而定，因为不论天上之国抑或尘世之国都可能会有需要人们慷慨解囊以毁家纾难之事。但是通常的开销则以不超出一个人的财产状况为度，必须撙节使用，量力而行，必须不为奴仆所诓骗欺瞒，而同时一切仍然弄得体面大方，实际开销甚至低于外面的传闻估计。显然一个人如想做到收支相抵，那么他的家用一般便须不超出其进项的半数；而如欲积攒，更须不超出其进项的三分之一。即使是一位大人物，亲自过问一下家中账目也未必便是丢失颜面的事。但有些人却不愿为之，而这还不仅是因为疏于细事，而是生怕一旦发现亏损，将会给自己招来烦恼。但创伤既已存在，讳疾忌医终非是解决问题的办法。那些始终不肯自查其账目的人必须从一开始起便用人得当，而且不当则去，勤换新人，因新换的人一般来说总是更为小心谨慎，也较难耍弄花招。至于那些只是偶尔才稍一过目此事的人，最好对其各项开支事先即逐条做出明确规定。再有一个人如在某个方面开支偏高，则必须在另一些方面稍加压低。比如丰于饮食者则须啬于衣，华于厅堂者则须俭于厨，依此类推。若事事而必丰必奢，则其家败有日矣。再有清账还钱之事亦不可操之过急，过猛过速之清偿，其所造成之危害亦不亚于久欠不还。因过急之变卖亦将如支付过高之利息，对人绝无好处可言。再者一笔全清式之还债必将把人拖垮无疑，其一便是，一旦觉得自己一身皆轻，难免不会又重新举债，故态复萌；倒是一个能分开阶段，一步步做清偿之举的人容易借此培养起节俭习惯，这样无论对其心理和财产均较有益。显然一个须待重振家业的人绝不可在一些小数目上毫不当意，另外，节约一部分琐细开支其实也并无什么，而落到为了凑积一点小钱也得到处卑躬屈膝时，那才是真正的不够体面。最后，有两种情形必须分辨清楚：对那些会一而再再而三的开销，切不可轻易开头，贸然应承；但如果是仅此一回不会有二的费用，则出手大方一些又有何妨。

◆说猜疑

  人头脑中之猜疑犹如禽鸟中之蝙蝠，总是好于昏冥之中飞翔。猜疑念头应予以抑止，至少善加节制，否则必将蒙蔽心灵，失掉朋友，妨碍事务，因有了它事情便不能持续不断地正常进行。猜疑会使君王变得暴虐，丈夫变得嫉妒，聪明的人也变得优柔寡断与忧心忡忡。这种缺点并非来自人的心性，而是来自人的头脑，因为即使是心性最坚强的人也常难免此病，历史上英国的亨利七世即是著例。论到心性，属他最强，但论到疑心病，也属他最重。不过一副心性而强大到如此程度，倒也会受害有限。原因是，对于这种人来说，一些情况倒也不会有闻必信，而是要着实审核一番，看看一切是否属实。但若遇生性怯懦之辈，这类风闻必会滋长极快，陷人于迷惘。疑心过多往往是因为了解太少，因此祛疑之法最重要的是尽量设法多弄清一些情况，而不使心中的一腔疑团憋在闷葫芦里。因为试问一个人又能何所求呢？难道你会认为你所雇为己用、你所与打交道的人个个都是圣人不成？难道你会认为他们个个都心无一丝杂念，都会对你比对他们自己还更忠心耿耿？因此平息这类疑窦的最好办法即是，首先在思想上不妨信以为真，然后在对待上宁可认以为妄，以收节制之效。因迄此为止，一个人必须对这点疑团善加对待，而预为之防，仿佛一切果不出其所料，但尚不致造成危害。单纯自己心头上滋生之疑虑只不过如蚊虫之嗡嗡而已，为害终较有限，但那些经人有意挑起的东西，甚至经人之口舌翻腾而进入人耳之传闻便会是有毒之刺螫。显然廓清这类迷雾的最好办法便是与所怀疑的对象进行公开面谈。如此方能对所欲知之事尽得其详；另外也可使受疑的一方今后更多检点，不致继续惹人生疑。只是此法对品性不佳的人却往往并不适用，因此种人如一旦发现他们自己见疑于人，反而会对你再不忠诚。意大利有一句谚语道，Sospetto licencia fede[猜疑开了放弃忠诚之门]，仿佛猜疑对忠诚竟无疑是一纸自由通行证！但猜疑实应起到使受猜疑的人不再受到人的猜疑才是。

◆ 说美

美德有如宝石，其镶嵌最尚朴素；美德而能重之以修态当然更佳，但其佳处却非仅在人容颜之姣好；因而气度之娴雅犹胜于丰姿之昳丽。另一方面，

仪容风采甚都而又德行出众的人却又极不经见，仿佛大自然之事务实在过重，想少出差错，已大不易，又哪里有暇去精心构制妙品？因此一些美仪容的人虽说也颇擅才艺，但心胸气魄却不足称；其所重者似更在举止，而不在德行。不过这事倒也并非永远如此：奥古斯都·恺撒、提特乌斯·维斯巴辛、法之俊美菲利普、英之爱德华四世、雅典之阿尔西比亚底斯、波斯之智者伊斯梅尔等即俱属心气高远之不世才，而同时又无愧为他们那些时代之美男子。论到美，容貌美重于肤色美，而娴雅大度之神情美更重于容貌美。这后者才是美中之尤美者，此种美，画图表不出，乍见之下亦常把握不住。凡世上之绝美者，其各部比例之间必有其某种稍异乎寻常之处。据此，则就准确性一端而言，到底是阿佩里斯抑或是阿尔伯特·丢勒更浮夸而不实，便很难说，因为在这事上，一位在画人时只凭其几何比例行事，而不问实际情形为如何；另一位则用兼收并蓄法，集众美于一人。以如此方法所产生出之画像，以愚见观之，除能使其作画者感到满意外，未必人人都会喜欢。我讲这话并非是说，一位画师不可以使他的肖像画比那真人更美，而是说，他的作画须凭某种灵心妙悟（音乐家能谱出佳曲亦系同一道理），而不是规矩法则。

人之面孔常有这种情形，即分而观之，几乎无一佳处，但合而观之，却又无处不佳。

如若说，人的美主要在其神情之高贵这话不假的话，那么一个人年长之后往往反而会更为耐看便也不足为怪。谚不云乎，pulchromm autumnus pulcher[秋日之美最美]。原因为，年轻人比较可人这话只是较宽容的说法，其可人处已计入其年龄。

美有如夏季之水果，美而易烂，往往搁放不住；另外美会使年轻人流于淫佚，以致日后追悔不迭。不过如果美能与善相结合，必将使有德者更加盛有光辉，而貌寝行秽者益发无地自容。